BALONMANO

NEUROCIENCIA APLICADA AL DESPLAZAMIENTO CON BALÓN

Concepto y 50 tareas para su entrenamiento

Grupo IAFIDES

Título: BALONMANO. NEUROCIENCIA APLICADA AL DESPLAZAMIENTO CON BALÓN. CONCEPTO Y 50 TAREAS PARA SU ENTRENAMIENTO
Autor: GRUPO IAFIDES
Corrección del texto: MANUELA CASTILLO SOLER

Editorial: WANCEULEN EDITORIAL
Sello Editorial: WANCEULEN EDITORIAL DEPORTIVA

ISBN (Papel / edición blanco y negro): 978-84-18682-18-6
ISBN (Papel / edición color): 978-84-18682-20-9
ISBN (Ebook / edición color): 978-84-18682-19-3

DEPÓSITO LEGAL: SE 144-2021

Impreso en España. 2021

WANCEULEN S.L.
C/ Cristo del Desamparo y Abandono, 56 - 41006 Sevilla
Dirección web: www.wanceuleneditorial.com y www.wanceulen.com
Email: info@wanceuleneditorial.com

ÍNDICE

INTRODUCCIÓN

En la iniciación al mundo del entrenamiento es muy usual intentar encontrar una receta o una fórmula que resuelva nuestras necesidades y que cubra las posibles lagunas que tengamos en nuestro conocimiento o en nuestra capacidad.

La complejidad y diversidad del juego hacen que haya que tener un conocimiento del mismo para su enseñanza y para su aprendizaje en algunos casos.

Este libro con tareas no pretende ser una respuesta matemática a las necesidades que pueda tener un entrenador para encontrar soluciones a los problemas que se le planteen. La intención es poder manejar recursos, adaptarlos a nuestra realidad de entrenamientos y que puedan introducirnos y orientarnos a conseguir en el entrenamiento los objetivos pretendidos.

He reducido el uso de material para simplificar y poder llegar a cualquier nivel de recursos y que puedan ser llevadas a cabo en cualquier realidad, sin necesidad de unos materiales que dificulten su realización.

Existen distintos tipos de tareas para la mejora del dominio colectivo de cualquier medio que queramos que nuestro equipo maneje durante el desarrollo de los partidos. Atendiendo a la metodología empleada, la duración, los espacios, el número de jugadores... pueden variar para satisfacer nuestro modelo de juego.

A continuación, seleccionaré distintas tareas, desde las más simples a las de mayor complejidad, para poder aplicar los beneficios de la neurociencia al desplazamiento con balón dentro de las tareas y que puedan formar parte de distintos modelos de juego ya que, atendiendo a las pretensiones de cada entrenador y a la metodología a emplear, cada uno debe introducirlas donde considere oportuno. Estas tareas carecen de un contexto y de una estrategia operativa, para los cuales necesitarán adaptación por parte del entrenador a todas las variables que crea que pueden tener incidencia en el desarrollo del juego de su equipo y a las características del mismo.

En este libro se indicarán el número de jugadores y la división y distribución de los espacios. No obstante, para que la tarea se adapte a cada equipo, estado físico de los jugadores, modelo de juego y metodología, cada entrenador la deberá adaptar en cuanto a metros las distancias, los espacios e incluso en número de jugadores en algunos casos para tener un mejor desarrollo con su equipo.

Las tareas no tendrán límites de contactos para conseguir nuestro objetivo, ya que habrá jugadores que necesiten o decidan utilizar un número mayor o menor por necesidades del juego, por condiciones técnicas o por condicionantes físicos de desarrollo. No obstante, al ser tareas abiertas, el entrenador podrá condicionarlas si lo cree necesario u oportuno para conseguir los beneficios pretendidos conociendo la realidad a la que las va a exponer.

EL DESPLAZAMIENTO CON BALÓN
EN BALONMANO

Los desplazamientos con balón son también llamados desplazamientos ofensivos. Determinan el "ciclo de pasos", el máximo desplazamiento que un jugador puede realizar con el balón en las manos. "El ciclo de pasos" consiste en que, como máximo, un *jugador puede dar tres pasos + bote(s) + 3 pasos*, después debe lanzar o pasar en un máximo de tres segundos.

Se llaman ofensivos por estar en posesión de balón el jugador que lo realiza, no porque la intención sea ofensiva con el rival, puede tener la intención de conservar el balón sin el objetivo de realizar un lanzamiento o avanzar en el terreno de juego.

El desplazamiento con balón en balonmano está considerado como la acción técnica que consiste en transportar el balón de una zona a otra del campo realizando contactos sucesivos con la mano de manera reglamentaria y manteniendo el control sobre el balón.

Existen múltiples "consejos" o directrices para realizar un correcto desplazamiento con balón atendiendo a aspectos o "recetas" propias de los entrenadores para una correcta ejecución que obligan al jugador a una reflexión durante el juego, que no te permite el tiempo, el espacio y la realidad cambiante del juego.

La neurociencia es un área científica que estudia del sistema nervioso en todo su ámbito. La neuroeducación es la aplicación de la neurociencia al aprendizaje y estudia cómo funciona el sistema nervioso cuando aprendemos. La neurociencia educativa estudia el proceso por el que nuestro cerebro aprende basándose en la genética, el entorno y la experiencia, junto con los procesos cognitivos y emociones y, además, estudia qué sentimientos influyen en el aprendizaje.

Hay una tendencia educativa muy fuerte afianzada en estos conceptos y cada día se ve más reflejada en la enseñanza del deporte, aunque que mal entendida puede llevar a errores y a no conseguir los resultados pretendidos.

El proceso de la toma de decisión es:

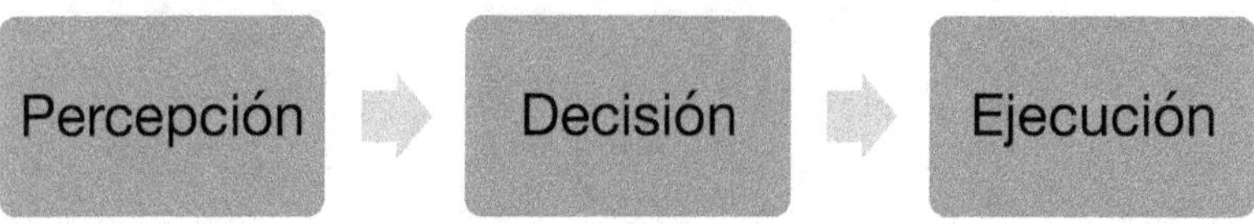

Pero en deportes como el balonmano, en el que se toman muchas decisiones en cada acción, la realidad es cambiante y el jugador está sometido a estrés competitivo en su desarrollo y aprendizaje (aparecen la testosterona y el cortisol) y el mecanismo de nuestro cerebro tiene que responder a las distintas situaciones sin posibilidad de pensar cuál es la mejor solución. La experiencia y el control de las emociones hará que el mecanismo sea:

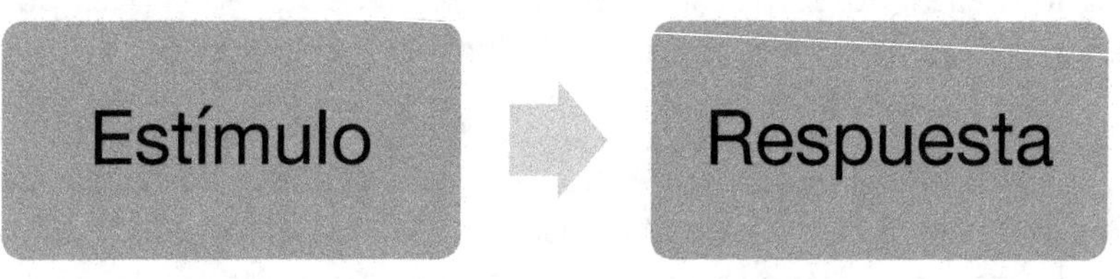

Entenderemos por estímulo la percepción de lo que está sucediendo, usando los sentidos para decidir con mayor pericia, pero sin la posibilidad de reflexionar para dar una respuesta.

El foco de atención hay que ponerlo en lo importante y ser selectivo, esa capacidad es importante para el desarrollo de los jugadores.

Para desarrollar la neuroplasticidad se necesita de distintos tipos de memoria:

- Memoria declarativa: capacidad de recordar eventos, números, estímulos sensoriales y relatorios.

- Memoria de procedimiento: capacidad de ejecutar acciones motoras complejas aprendidas con anterioridad.

Los entrenadores tenemos que buscar desarrollar una inteligencia resolutiva.

Cualquier acción requiere una interpretación de lo que está sucediendo, pero no puede ser reflexiva. No existe tiempo para valorar.

Si el jugador se para a reflexionar y a valorar perderá cualquier tipo de ventaja que pueda tener ante una situación determinada. Los entrenadores tenemos que darles herramientas para que su ejecución sea eficaz y para que el jugador sea eficiente. Digo eficaz porque para el desplazamiento con balón son igual de válidos los contactos con una mano o con otra (siempre que lo permita el reglamento).

El jugador de balonmano tiene que estar en condiciones óptimas para competir y poder rendir durante los partidos. Si un jugador pierde el balón durante un desplazamiento no sólo tiene que ser porque sea malo técnicamente o porque no lo haya ejecutado bien; puede ser porque se puso nervioso ante la presión del rival y se precipitó, porque el rival no le dejó avanzar, porque no debió desplazarse porque tenía otra mejor opción, porque el rival se anticipó a su acción...

¿Cómo corregimos esto?

Parar a los dos equipos en una simulación de la acción en la que se le explique al jugador en cuestión cómo o dónde tenía que haber ejecutado el desplazamiento se considera una pérdida de tiempo y de energías que no produciría ninguna mejora en el jugador ni en el equipo. Hay que darle un *feedback* rápido y conciso y seguir con lo siguiente. Igualmente, después de esto, poner a un jugador frente a otro y hacer un alto número de repeticiones del desplazamiento para la corrección de lo sucedido buscando una mejora del juego colectivo sigue siendo poco útil. Las situaciones rutinarias se olvidan.

Se aprende a desplazarse equivocándonos en el desplazamiento, y desplazándose una y otra vez en distintas situaciones, lo importante no es que el desplazamiento esté bien ejecutado en cuanto a unos patrones de ejecución del gesto técnico (que es lo que queríamos), lo importante es que, cuando lo falle, lo recupere pronto o cómo le pedimos que lo recupere para poder tener otra posibilidad de desplazarse y conseguir el objetivo, por ejemplo.

Entonces, tenemos que preparar al jugador para que sea capaz de resolver todas las acciones del juego, porque a lo mejor lo que estuvo mal ("con el periódico del lunes") no es el desplazamiento, sino que debió pasar para seguir manteniendo el balón o atraer a los rivales, creyó que tenía una buena opción para desplazarse y no era así...

Con lo cual, tenemos que preparar a los jugadores para que sean capaces de resolver las situaciones de juego.

La tendencia para corregir un error es aislarlo y trabajarlo de manera aislada para la mejora del rendimiento, pero la experiencia y el entendimiento del juego como una realidad única indisoluble hace pensar que nos acerca más al error porque no produce una mejora en el juego colectivo, sino una mejora de una acción aislada, que nunca más se volverá a repetir durante la vida deportiva del jugador.

En la búsqueda de la perfección de los modelos de juego, los entrenadores tendemos a desmenuzar el juego con principios, subprincipios, subsubprincipios... que nos hacen explicar cómo juega nuestro equipo y esto hace que en muchas ocasiones nuestros entrenamientos se pierdan en la mejora de factores técnicos aislados que pensamos que son los que hacen errar a los jugadores aunque puede ser, por poner un ejemplo, que nuestro modelo de juego les esté pidiendo a nuestros jugadores cualidades técnicas que no les pertenecen, que no son las que les hacen mostrar su talento o que la decisión no haya sido la adecuada.

En etapas de formación nos gusta enseñarles a los jóvenes jugadores cómo es la ejecución desplazamiento con balón y hacer esa demostración *"que saca a relucir esa calidad técnica que tenemos todos los entrenadores, muy superior a la de nuestros jóvenes aprendices"*.

El jugador bueno que todos queremos tener en nuestro equipo es el que sabe cuándo tiene que pasar en vez de desplazarse, el que se desplaza con balón y no pierde el balón, el que interpreta la acción de un compañero, el que se anticipa al juego del contrario..., en definitiva, el que toma bien las decisiones sobre el terreno de juego.

Es igual de válida un desplazamiento con una mano que con otra siempre y cuando lleve el balón al lugar de destino y no lo pierda (cumpliendo el reglamento). Puede no ser igual de estético según los patrones motrices desplazamiento, pero si el jugador puede ejecutarlo con destreza y consigue el objetivo de manera habitual... ¿por qué no?

Cuando entrenamos o preparamos a nuestros equipos tenemos que diseñar nuestras sesiones de entrenamiento. Hoy en día se hacen multitud de tareas intentando "perturbar" la decisión para condicionar al jugador en su toma de decisión; se utilizan varios "recursos" como cambiarle el color en el último momento que le indica dónde tiene que desplazarse, decirle un número para que tenga que desplazarse hacia un lugar, tocar el silbato y finalizar la jugada... Y yo me pregunto por qué en un "juego" como el balonmano en el que intervienen tantos factores, que queremos que el jugador domine y sepa interpretar en cada momento, los estímulos que utilizamos para que el jugador ejecute no tienen nada que ver con el juego.

Durante el juego se coordinan diferentes procesos cognitivos de manera simultánea con la visión periférica.

La visión periférica es importante, pero saber poner el foco en lo relevante es clave para la correcta toma de decisión. Existe un gran número de trabajos aplicados desde el área física, en su mayor parte, que utilizan estas teorías y estos artículos científicos sobre el aprendizaje en los entrenamientos, pero muy alejados del juego.

En todas las facetas del entrenamiento se intentan copiar procedimientos de otros deportes que a lo mejor están más avanzados o tienen un mayor grado de estudio y demuestran transferencia. Las situaciones no se repiten nunca en el juego, no hay dos pases iguales en un partido, no hay dos desplazamientos con balón iguales en un partido, no hay dos ataques iguales en un partido... Entonces, si estamos de acuerdo en esto, ¿no sería mejor preparar a nuestro equipo para que sepa reaccionar mejor ante las situaciones que se dan en el juego y ante estímulos que tengan que ver con este y no con colores, números, palmadas, pitido del silbato...? Existen muchas dudas de que en un entrenamiento el hecho de que un jugador "vea el rojo y se desplace hacia donde está el color rojo", tenga algo que ver con el juego, con su preparación y con su mejora como jugador de balonmano. Mejorará capacidades del individuo, pero no se entiende que mejore como jugador. Es como si pensáramos que a un atleta de 50 metros lisos le va a producir una mejora de su rendimiento en la competición saltar hacia el lugar rojo después de ver ese color.

Además de esto, nos encontramos con una variable más que, en nuestro intento por "perturbar" el juego al jugador, nos lleva a querer inventar, hasta el punto de que no somos conscientes de que estamos "desentrenando" a nuestros jugadores. ¿Qué pasa en un partido cuando suena un silbato? Pues que se pone en juego el balón o que se tiene que detener el juego. Y si nosotros usamos el silbato para cambiar de zona de juego, para comenzar a desplazarnos, para pasar el balón... estamos utilizando un estímulo que el jugador tiene que identificar durante el partido para sacar rápido, pararse... para algo que no le va a ser útil después e, incluso, puede crearle alguna confusión en edades tempranas.

Con esto no quiero decir que no se hagan juegos de activación, que no se hagan este tipo de tareas que nos pueden servir para entretener a los jugadores o como dinámicas de equipo, sólo expreso que, si queremos entrenar balonmano y sacar mayor rendimiento a los entrenamientos, los que no disponemos de muchas horas para poder entrenar a nuestros equipos tenemos que intentar que nuestras tareas tengan la mayor transferencia al juego posible.

Siempre será mejor trabajar para que nuestro equipo en una tarea pase a atacar cuando pierda el balón el equipo contrario, pase cuando haya un movimiento de desmarque del compañero, presione cuando el equipo contrario llegue a una zona, se desplace con el balón cuando sea la mejor opción... y conseguiremos mayor transferencia al juego o a nuestro juego, según el equipo donde estemos, la edad o capacidad de los jugadores que entrenemos y el modelo de juego que queramos desarrollar con nuestro equipo.

Se podría argumentar que estos estímulos intentan "molestar" al jugador para entrenar la capacidad de enfocarse en lo que está haciendo. Estímulos que nunca se va a encontrar en un partido.

¿Y si ponemos al jugador a desplazarse con balón ante jugadores que intentan obstaculizar y compañeros que le dan otras soluciones? Unos lo conseguirán y otros no. El jugador tendrá que identificar el estímulo al que tiene que reaccionar (posibilidad de desplazarse) con ventaja descartando todos los demás estímulos (desmarques de compañeros que no se consiguieron, rivales que intentaron obstaculizar y no lo hicieron, ...). Y si además el jugador se desplaza ante la presión de un jugador, se cruzan otros jugadores por medio, si pierde el balón tendrá que presionar para volver a desplazarse... podremos aumentar la carga cognitiva de lo que estamos entrenando, utilizando elementos del juego. Estímulos ante los que tendrá que reaccionar y dar una respuesta o descartar.

De esta manera, conseguiríamos contextualizar las acciones, hasta el punto que lo consideremos necesario y se atienda al nivel de los jugadores a los que vayamos a exponer las tareas. Controlando y adaptando las cargas cognitivas.

Hay que intentar como entrenadores que el entrenamiento sea un medio facilitador del aprendizaje.

Nuestro objetivo como entrenadores es ayudar a nuestros jugadores en su proceso de aprendizaje, bien sea en formación o en alto rendimiento, compitiendo. Durante un partido de balonmano, por mucho que intentemos que la competición sea lo más sana y educativa posible en su iniciación, compites con un rival para ganarle, porque es inherente al juego mismo. Los estímulos y las respuestas tienen que estar encaminados al aprendizaje del jugador y tienen que tener estrecha relación con lo que puede pasar en un partido para que el aprendizaje sea significativo, bien sea una situación en la que la respuesta siempre sea la misma (por ejemplo, desplazarse con balón) y que la decisión sea cómo desplazarse (en línea recta o zigzag, con una smano o con otra,...) o bien una situación en la que haya muchas respuestas (contraataque) y muchas posibles decisiones dentro de esa respuesta (puede haber infinitas en la ejecución).

Para ello, la complejidad de la tarea irá estrechamente relacionada con la capacidad de aprendizaje y el desarrollo de las capacidades del jugador o del equipo.

Las tareas más analíticas en el aprendizaje, para las mejoras de los gestos técnicos como tales, deben llevar una toma de decisión para su eficiencia, ya que enseñar los gestos técnicos disociados de todas las variables del juego preparan al jugador para tener destreza en una acción determinada, a una distancia determinada, aplicando la misma fuerza y sin ninguna toma de decisión y los jugadores están constantemente tomando decisiones en un partido por la realidad cambiante del juego. Por ejemplo, un jugador frente a otro, desplazándose con balón de uno a otro a la misma distancia es una tarea o ejercicio que sólo le producirá al jugador una mejora del desplazamiento a esa distancia precisa y el aprendizaje carecerá de mejora cognitiva alguna. Mientras que ese desplazamiento variando la distancia, modificando la velocidad a la que se mueve, moviéndose entre conos o rivales, cambiando de espacios... o cualquier otra variable que haga que la repuesta sea siempre la misma (que consistirá en desplazarse), la decisión de la ejecución será distinta y el proceso de aprendizaje llevará una carga cognitiva mayor y esto repercute directamente en la mejora del jugador en cuanto a sus respuestas en el juego.

Los condicionantes espaciotemporales, humanos y reglados de las tareas tendrán estrecha relación con el juego, no puede ser un condicionante para el jugador una línea sobre la que tiene que rodar el balón durante el desplazamiento, el condicionante debe tener relación con el juego, por ejemplo, poner un rival entre él y el lugar de desino e ir adaptando los espacios y número de jugadores al proceso de aprendizaje y al jugador o los jugadores.

En las siguientes tareas los estímulos e indicadores para el desplazamiento con balón serán estímulos e indicadores propios del juego para identificarlos en cada momento. Realizar un tiro, desplazarse o cambiar de zona después de un estímulo auditivo (voz del entrenador, silbato...) o cualquier otro que no tenga nada que ver con lo que pueda pasar en un partido de balonmano (mostrar un color, aviso del entrenador o de un compañero,...) nos ayudarán a realizar las tareas, pero no a utilizar con la destreza específica el desplazamiento con balón y a desarrollar el aprendizaje en el jugador; con lo cual, los estímulos, indicadores o recursos utilizados tendrán transferencia al juego y podrán ser adaptados por el entrenador atendiendo a la realidad a la que los vaya a exponer.

SIMBOLOGÍA

Jugadores Equipo A	○
Jugadores Equipo B	●
Jugadores Equipo C	○
Desplazamiento sin balón	- - - →
Desplazamiento del balón	——→
Conducción del balón	∿∿∿→
Desplazamiento del balón por alto	⌒→
Lanzamiento a portería	⟹
Balón	⚽

NEUROCIENCIA APLICADA AL DESPLAZAMIENTO CON BALÓN EN BALONMANO

50

TAREAS PARA SU ENTRENAMIENTO

Tarea N° 1	Objetivo Principal	Mejora del desplazamiento con balón
	Jugadores	10

Explicación

En la disposición de la imagen, los jugadores se desplazan con el balón dentro del cuadrado esquivando a los otros jugadores. Cuando los jugadores completen el "ciclo de pasos" intercambiarán el balón con otro jugador que esté en posesión.

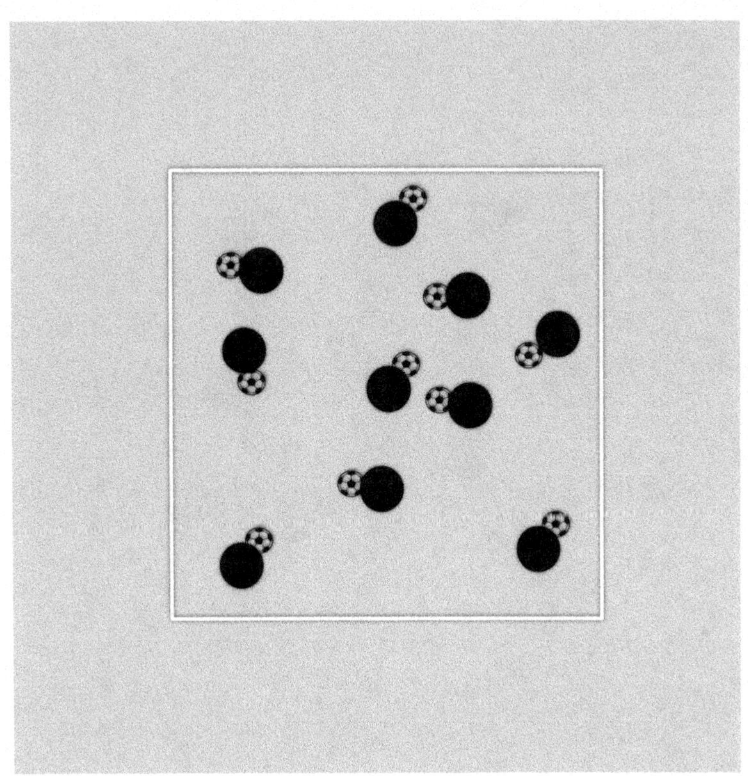

Tarea N° 2	Objetivo Principal	Mejora del desplazamiento con balón
	Jugadores	10

Explicación

En la disposición de la imagen, 8 jugadores desplazándose con el balón dentro del cuadrado esquivando a los otros jugadores y habrá dos jugadores robando balón. Cuando los jugadores completen el "ciclo de pasos" intercambiarán el balón con otro jugador que esté en posesión. Al jugador que le roben, cambiará el rol y pasará a robar y el que robó a desplazarse..

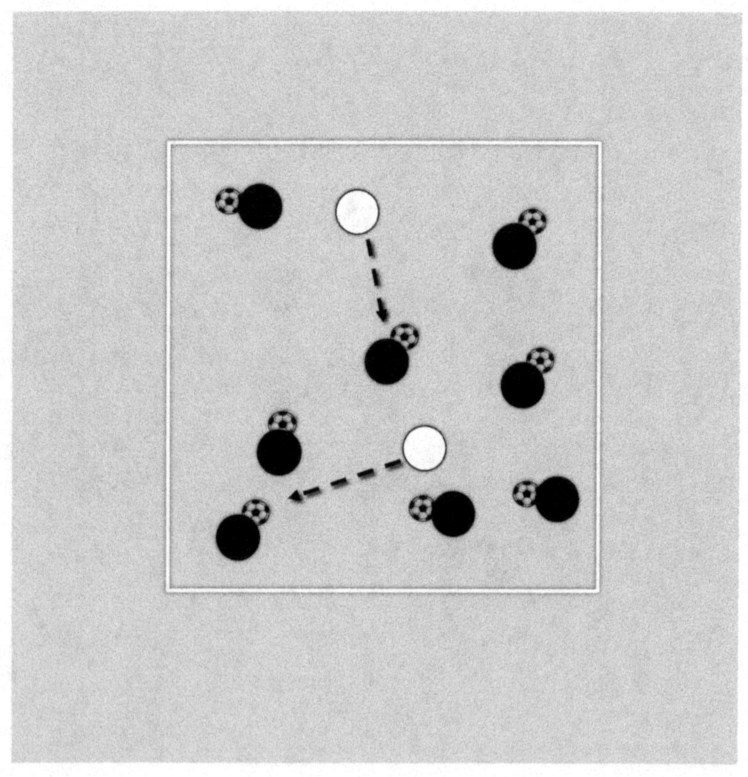

Tarea N° 3	Objetivo Principal	Mejora del desplazamiento con balón
	Jugadores	10

Explicación

En la disposición de la imagen, 8 jugadores desplazándose con el balón dentro del cuadrado esquivando a los otros jugadores y habrá dos jugadores sacando los balones lejos del cuadrado. Cuando los jugadores completen el "ciclo de pasos" intercambiarán el balón con otro jugador que esté en posesión. Al jugador que le saquen el balón, tendrá que introducirlo desplazándose con él.

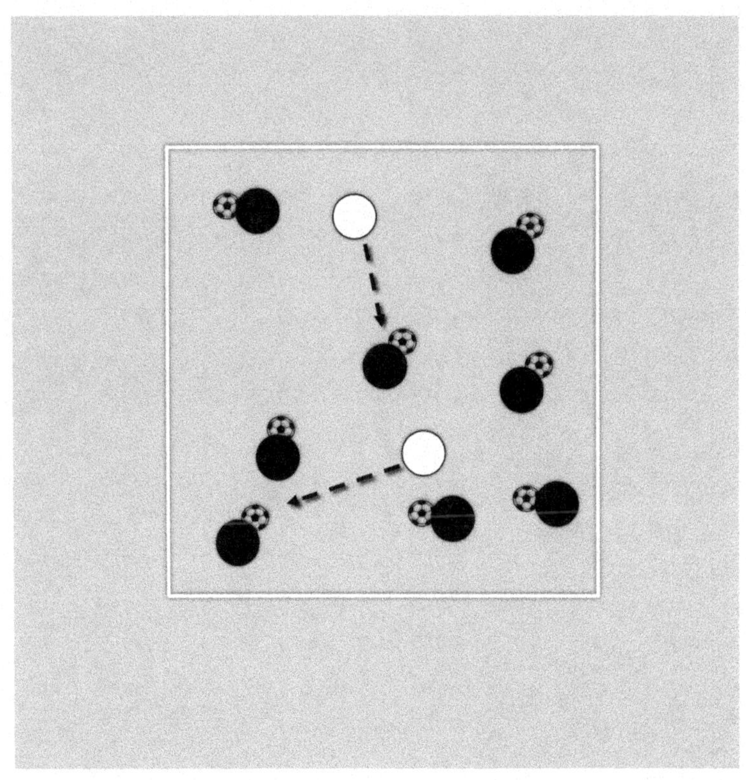

Tarea N° 4	Objetivo Principal	Mejora del desplazamiento con balón
	jugadores	54

Explicación

Un jugador en el cuadrado y los tres jugadores situados como en la imagen. Los jugadores con balón intentarán atravesar de uno en uno el cuadrado de lado a lado y el jugador de dentro tendrá que intentar anticipar el desplazamiento para que no puedan atravesar.

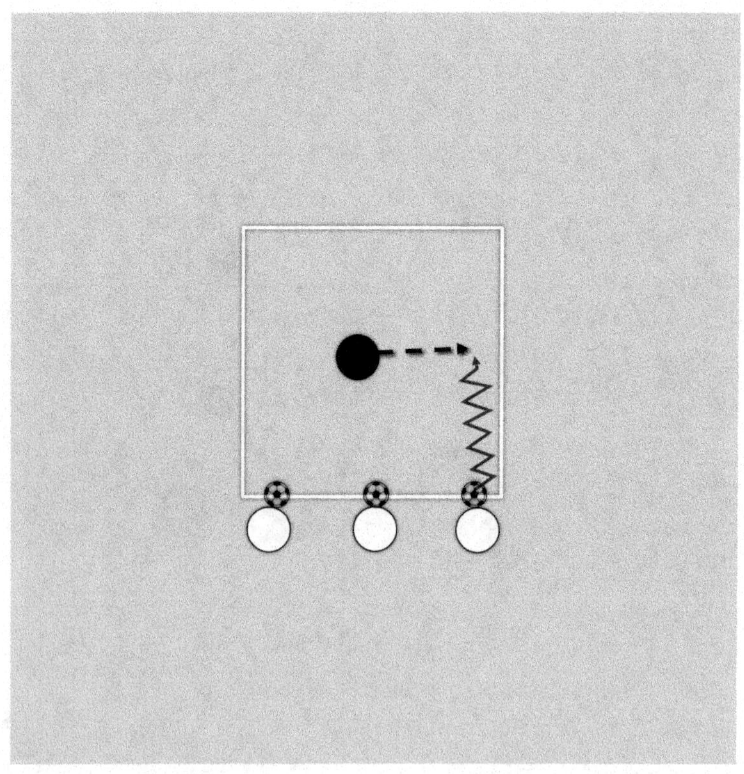

Tarea N° 5	Objetivo Principal	Mejora del desplazamiento con balón
	Jugadores	8

Explicación

Los jugadores que tienen balón tienen que atravesar hasta la zona del fondo, los que no tienen presionarán para robar cuando pasen al centro. Al jugador que le roben el balón podrá presionar a otro cuando se lo quiten si no llegó a la zona del fondo para robarle el balón y dificultar el desplazamiento.

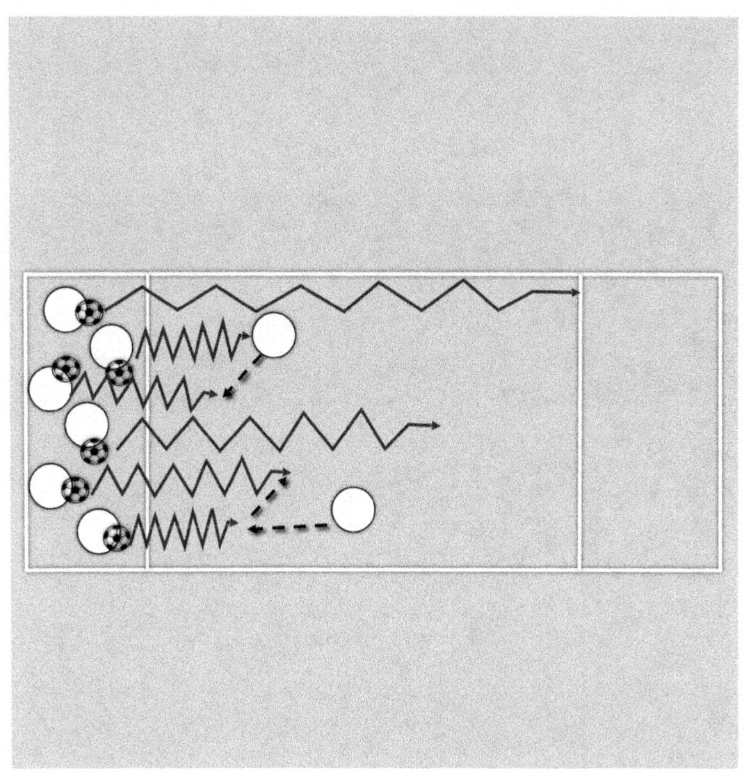

Tarea N° 6	Objetivo Principal	Mejora del desplazamiento con balón
	Jugadores	8

Explicación

Los jugadores que tienen balón tienen que atravesar desplazándose con balón hasta la zona del fondo, los que no tienen esperarán en la línea del centro para robar. Al jugador que le roben el balón podrá presionar a otro para robarle el balón si no llegó a la zona del fondo.

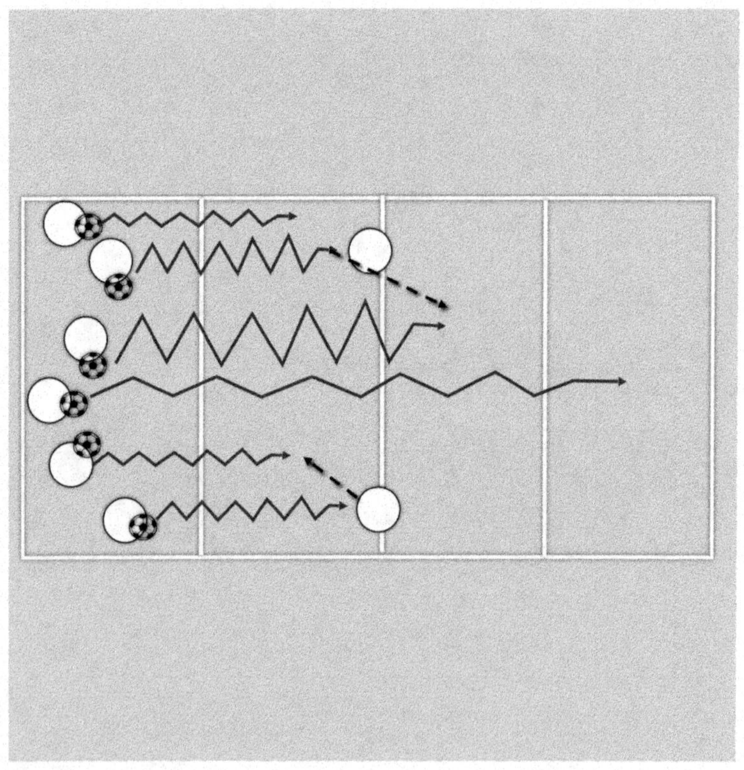

Tarea N° 7	Objetivo Principal	Mejora del desplazamiento con balón
	Jugadores	2

Explicación

Los jugadores se dirigen al cono del centro y el jugador con balón tendrá que ir al lado (cono) contrario del que vaya el jugador sin balón sin rebasar el "ciclo de pasos".

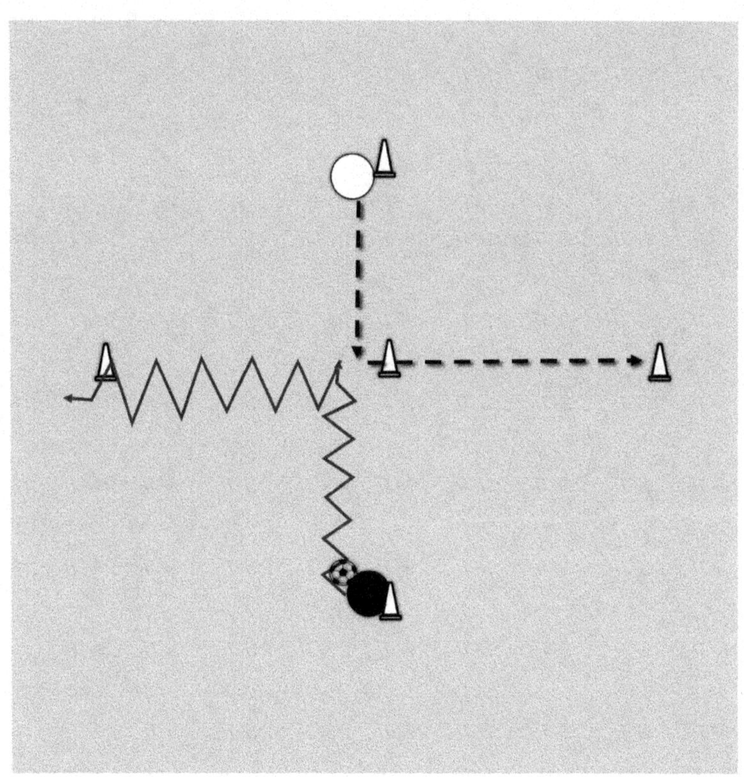

Tarea N° 8	Objetivo Principal	Mejora del desplazamiento con balón
	Jugadores	2

Explicación

Los jugadores de dirigen al cono del centro y el que llegue primero va hacia un lado y el otro hacia el otro. No pueden ir los dos hacia el mismo ladoy no pueden rebasar el "ciclo de pasos".

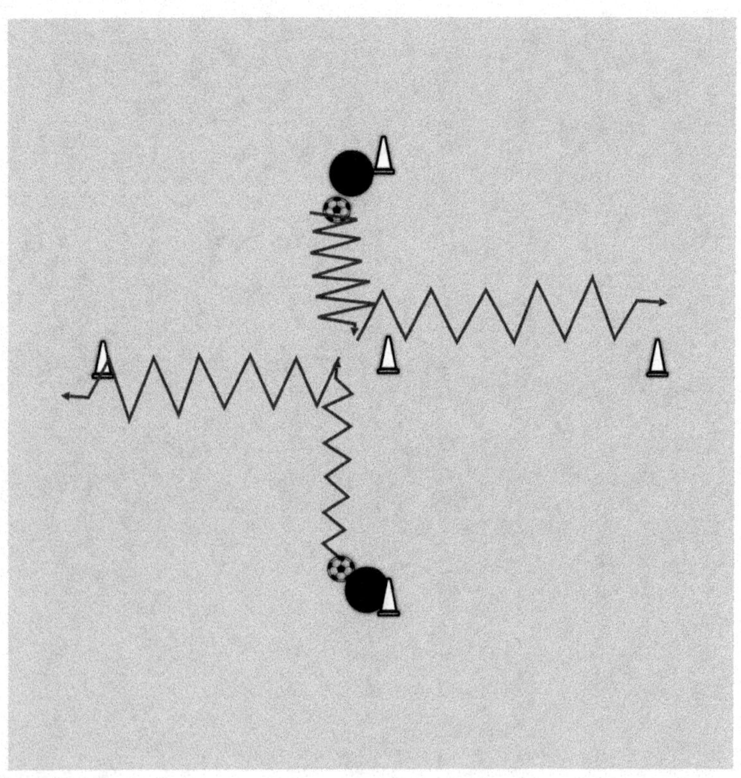

Tarea N° 9	Objetivo Principal	Mejora del desplazamiento con balón
	Jugadores	4

Explicación

Los jugadores de dirigen al cono del centro cada uno con su balón y se tienen que dirigir cada uno a un cono que no estuviera ocupado antes de salir hacia el centro sin sobrepasar el "ciclo de pasos".

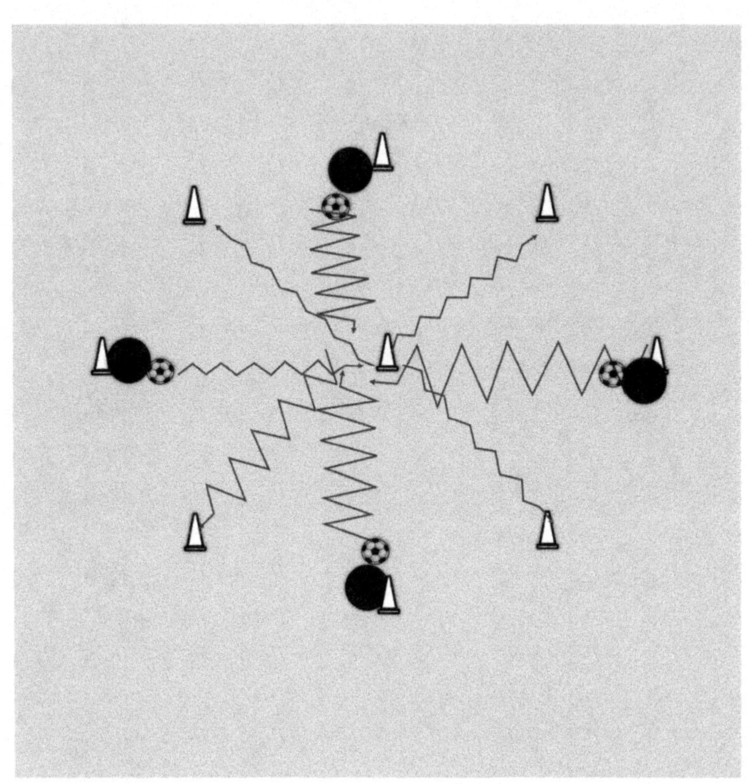

Tarea N° 10	Objetivo Principal	Mejora del desplazamiento con balón
	Jugadores	3

Explicación

Los jugadores se desplazarán con el balón por los pasillos y no pueden coincidir con otro jugador dentro del mismo cuadrado.

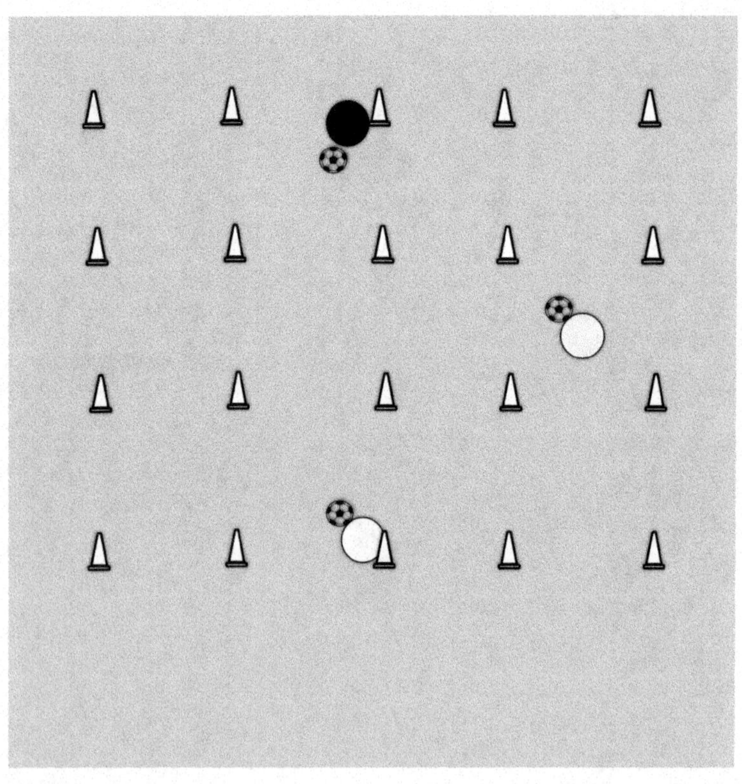

EDITORIAL WANCEULEN

Tarea N° 11	Objetivo Principal	Mejora del desplazamiento con balón
	Jugadores	15

Explicación

Un jugador del equipo blanco sale con balón y y uno del equipo negro sale sin balón. El jugador del equipo blanco intentará desplazarse con el balón y pasar entre los dos conos y el del equipo negro intentará que no. Cuando pase o pierda el balón saldrá uno de otro equipo y el que pasó o perdió tiene que ir a presionarlo, cuando este pierda o pase saldrá uno de otro equipo y así sucesivamente de manera aleatoria.

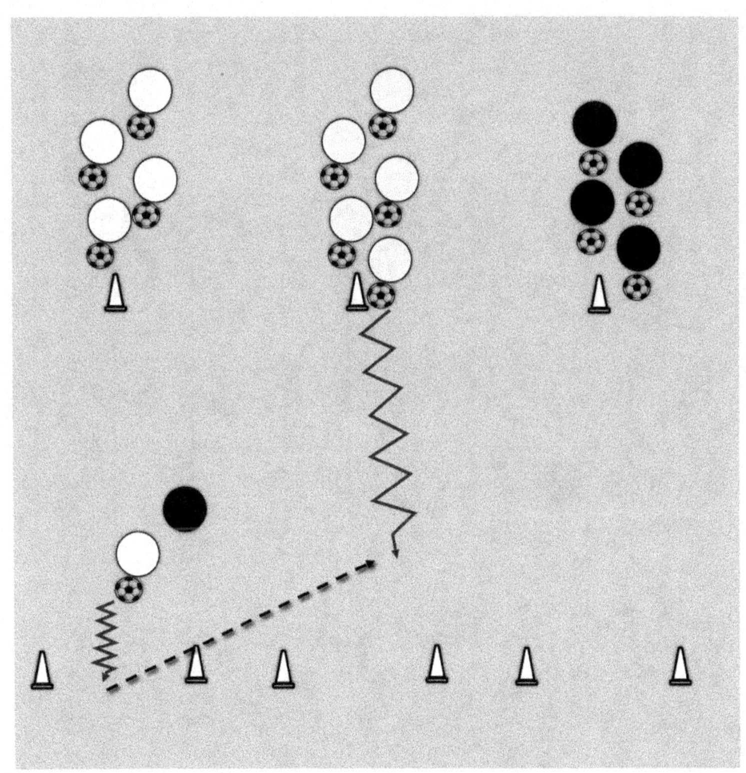

Tarea Nº 12	Objetivo Principal	Mejora del desplazamiento con balón
	Jugadores	18

Explicación

Un jugador del equipo blanco se desplaza con balón y uno del equipo negro sin balón para obstaculizar el desplazamiento. El jugador del equipo blanco intentará acercarse a la portería para lanzar y el del equipo negro intentará que no. Cuando lance o pierda el balón saldrá uno de otro equipo y el que lanzó o perdió tiene que ir a presionarlo, cuando este pierda o lance saldrá uno de otro equipo y así sucesivamente de manera aleatoria buscando siempre acercarse a la portería para lanzar.

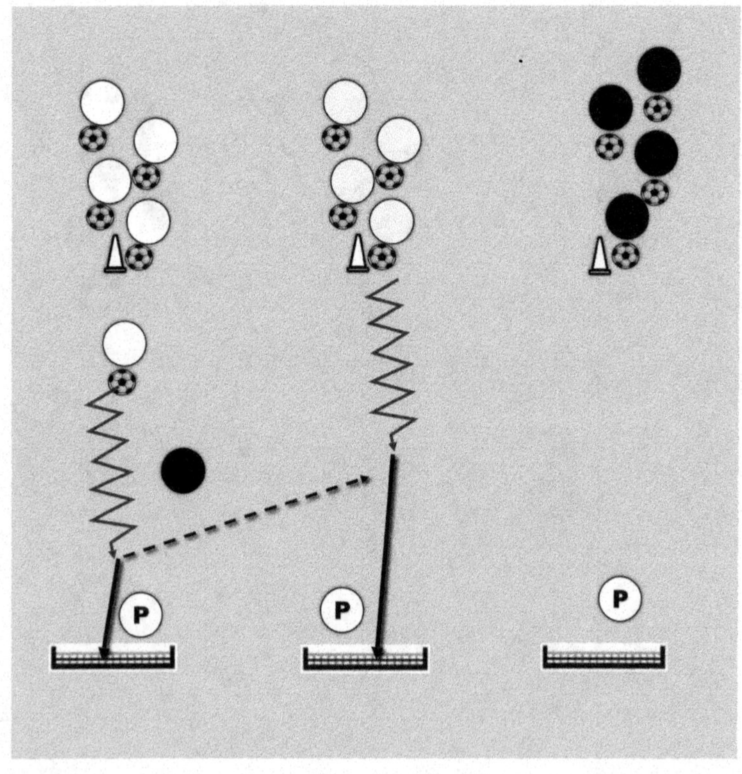

Tarea N° 13	Objetivo Principal	Mejora del desplazamiento con balón
	Jugadores	5

Explicación

Los jugadores distribuidos como en la imagen. Cuando se desplace el jugador con balón para acercarse y lanzar a portería, los jugadores del equipo blanco desplazándose sobre las líneas intentaran obstaculizar el desplazamiento para que no pueda acercarse a la portería.

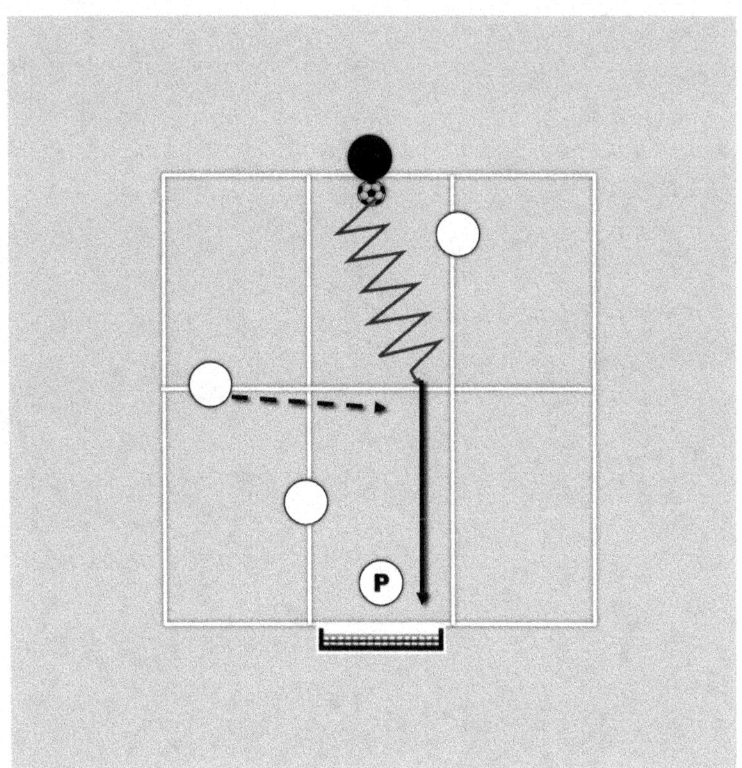

Tarea N° 14	Objetivo Principal	Mejora del desplazamiento con balón
	Jugadores	5

Explicación

Los jugadores distribuidos como en la imagen. Cuando se desplaceel jugador con balón uno de los rivales de manera aleatoria intentará evitar que se acerque a portería para hacer gol.

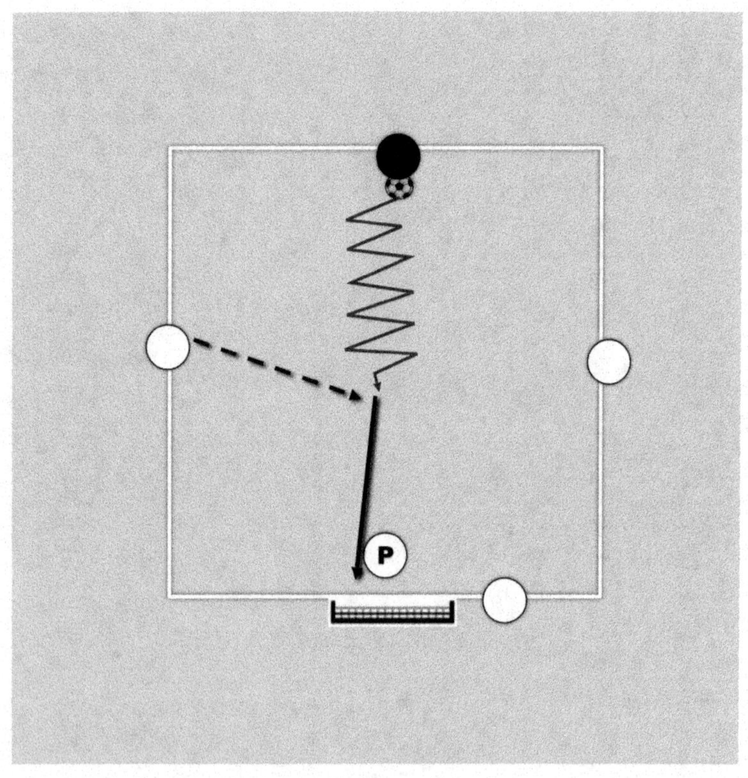

Tarea N° 15	Objetivo Principal	Mejora del desplazamiento con balón
	Jugadores	5

Explicación

Los jugadores distribuidos como en la imagen. Cuando se desplace el jugador con balón, un jugador del equipo blanco irá a presionar y otros retrocederán para interceptarlo cambiando en cada acción de manera aleatoria y evitar que se acerque a portería para hacer gol.

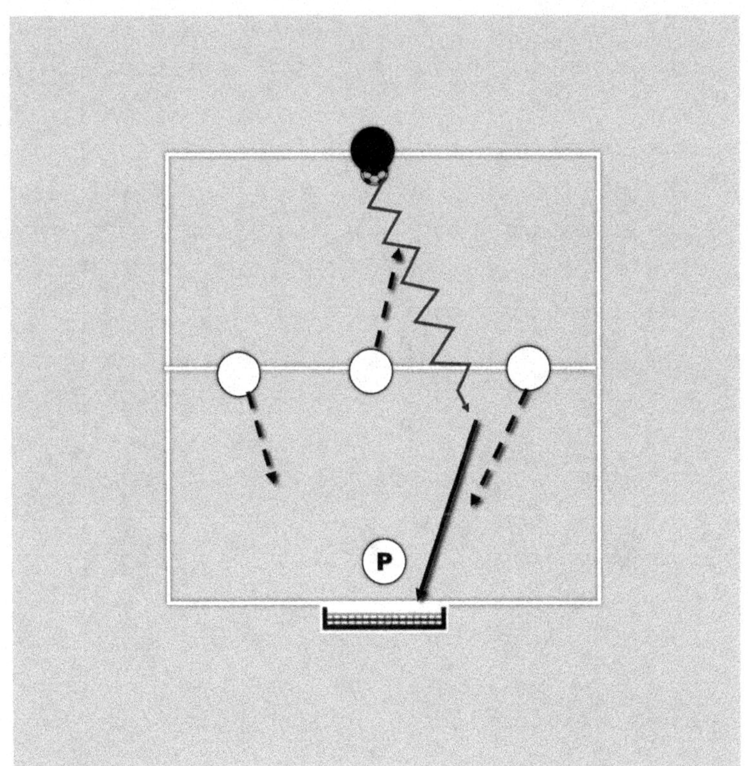

Tarea N° 16	Objetivo Principal	Mejora del desplazamiento con balón
	Jugadores	2 (1xP)

Explicación

El portero detrás de la portería, pasa el balón al jugador y se dirige a la portería por uno de los lados. El jugador que se adelanta al cono o silueta debe desplazarse con balón hacia la portería para hacer gol antes que llegue el portero.

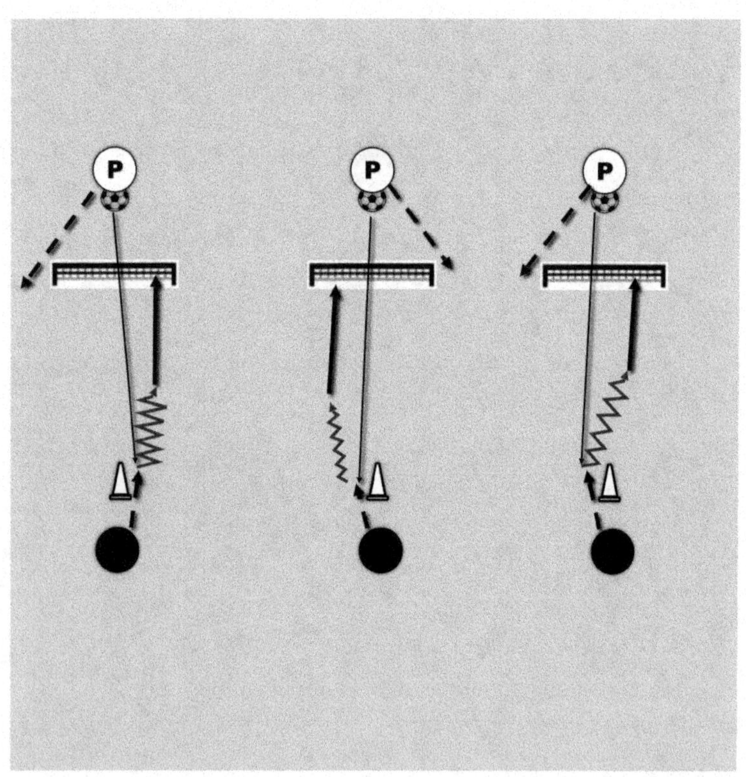

Tarea N° 17	Objetivo Principal	Mejora del desplazamiento con balón
	Jugadores	3

Explicación

El portero pasa el balón al jugador que se adelantará al contrario (este no podrá reaccionar hasta que no lo vea) que le presionará para que no pueda desplazarse con el balón y acercarse a la portería para lanzar.

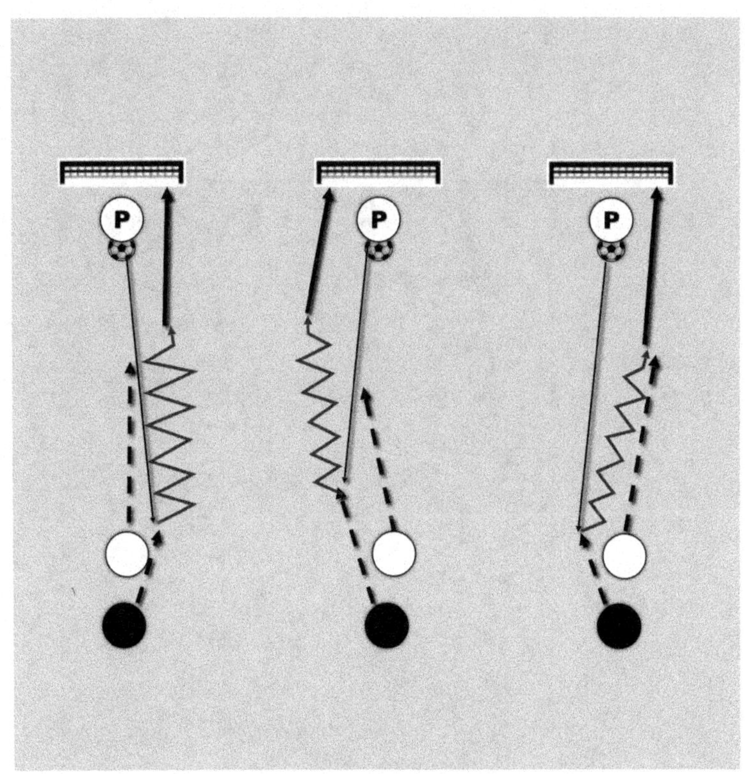

Tarea Nº 18	Objetivo Principal	Mejora del desplazamiento con balón
	Jugadores	6

Explicación

Los jugadores distribuidos cómo en la imagen. Los jugadores que defienden (blanco), podrán salir indistintamente hacia uno u otro jugador, cambiando en cada jugada sin que se sepa a cual van a presionar el desplazamiento para evitar el lanzamiento de los jugadores con balón. Todos parten tras la silueta o cono para salir por un lado u otro.

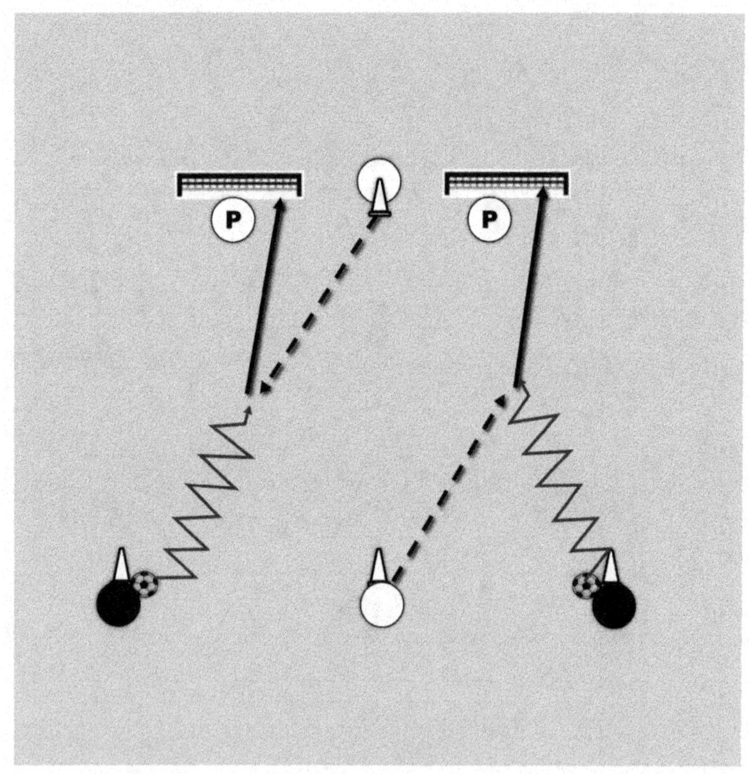

Tarea N° 19	Objetivo Principal	Mejora del desplazamiento con balón
	Jugadores	10

Explicación

Los jugadores distribuidos como en la imagen. El jugador con balón (color negro) se desplazará para acercarse y lanzar a portería. De los cuatro jugadores blancos sólo participan tres que intentarán dificultar que puedan acercarse a portería (irán alternando los que participan y a quien presionan sin que lo conozca el otro equipo).

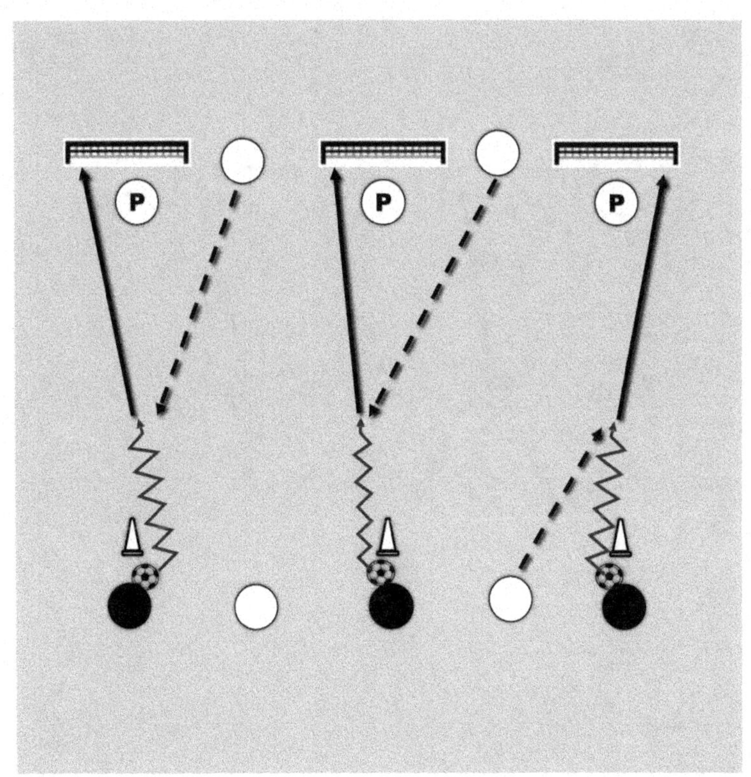

Tarea N° 20	Objetivo Principal	Mejora del desplazamiento con balón
	Jugadores	5

Explicación

Los jugadores distribuidos como en la imagen, tras los conos o siluetas y cuando les pasan el balón los porteros, salen hacia el balón para desplazarse y acercarse a la portería. El jugador del centro irá hacia uno u otro a disputar el balón de manera aleatoria.

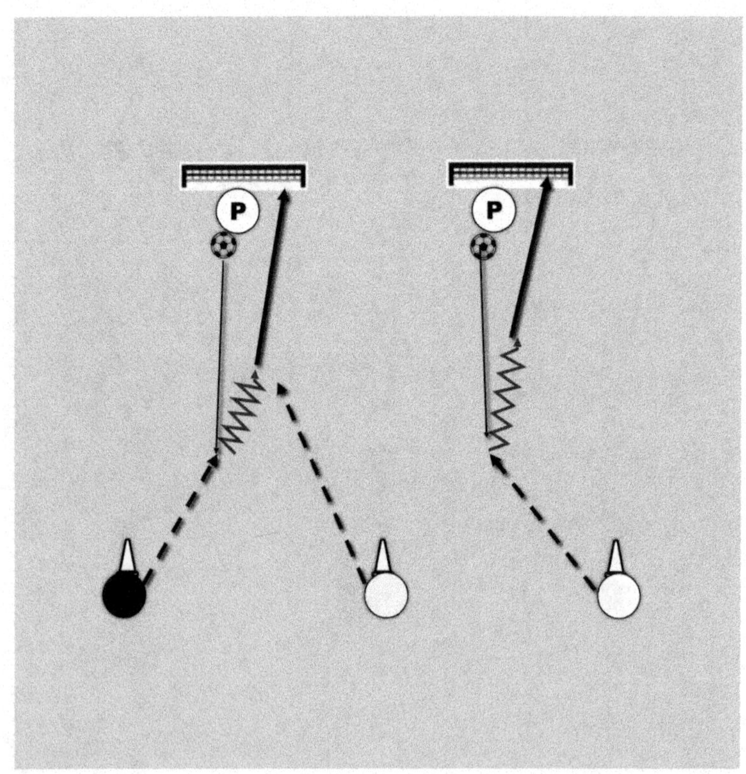

Tarea N° 21	Objetivo Principal	Mejora del desplazamiento con balón
	Jugadores	5

Explicación

Los jugadores distribuidos como en la imagen, tras los conos o siluetas y cuando los porteros dejan el balón y retroceden a sus porterías, salen hacia el balón para desplazarse, acercarse a la portería y finalizar. El jugador del centro irá hacia uno u otro a disputar el balón de manera aleatoria.

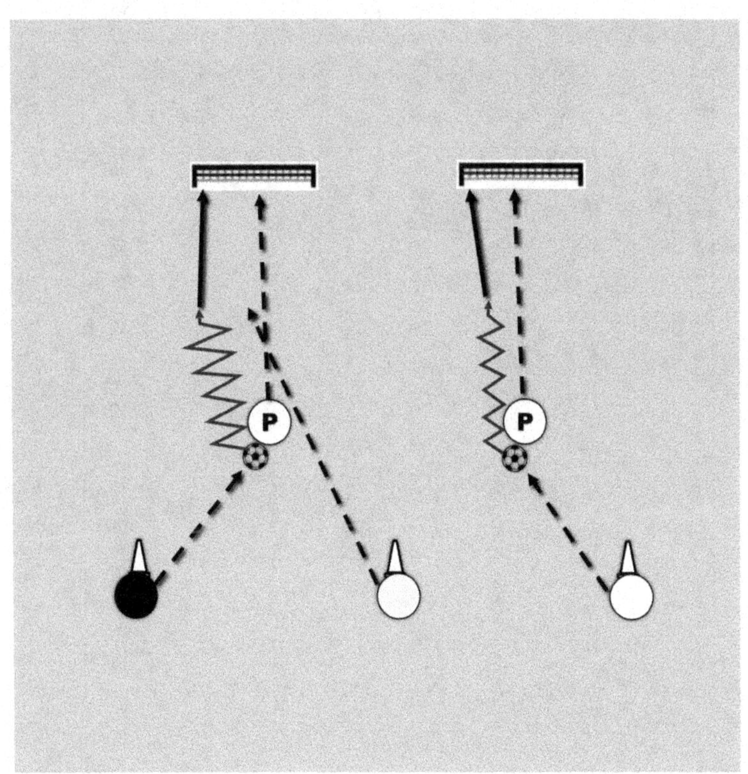

Tarea N° 22	Objetivo Principal	Mejora del desplazamiento con balón
	Jugadores	2 (1xP)

Explicación

El portero en la línea de siete metros, pasa el balón al jugador y puede retroceder a la portería o salir a acortar los espacios al jugador que recibe. El jugador que se adelanta al cono o silueta debe desplazarse con balón hacia la portería para hacer gol.

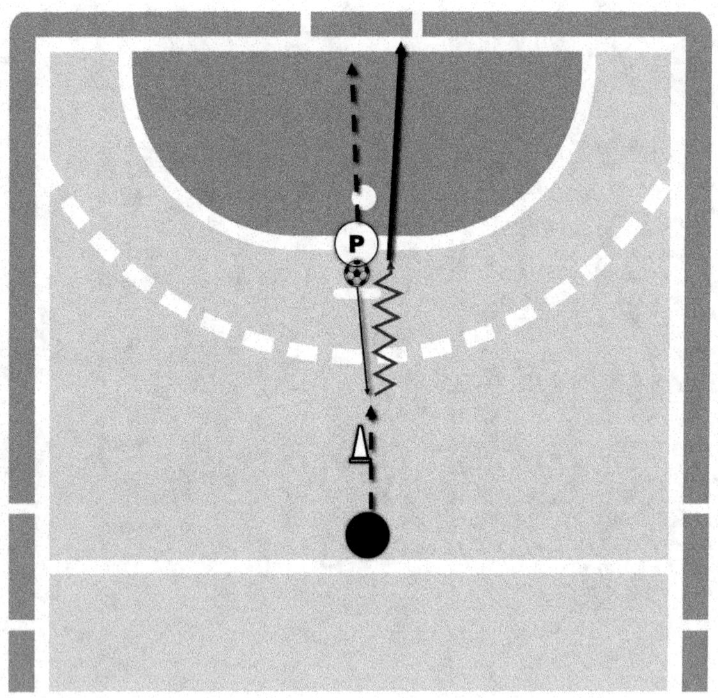

Tarea N° 23	Objetivo Principal	Mejora del desplazamiento con balón
	Jugadores	3 (1x1+P)

Explicación

El portero en la línea de 7 metros, pasa el balón al jugador y se dirige a uno de los postes. El jugador que se adelanta al rival (que no podrá salir a presionarle hasta que lo vea) se desplazará con balón hacia portería para hacer gol.

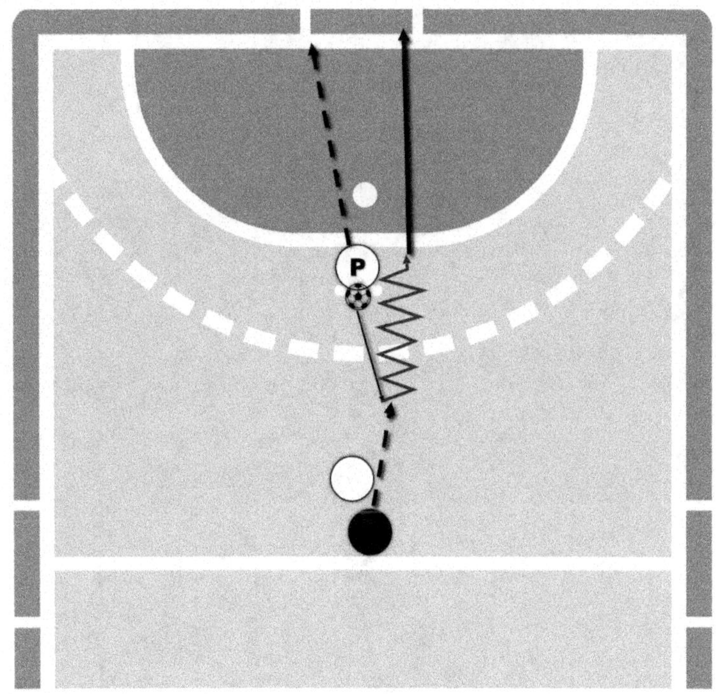

Tarea N° 24	Objetivo Principal	Mejora del desplazamiento con balón
	Jugadores	3

Explicación

Los jugadores mirando hacia la portería. El jugador con balón (negro) se desplazará hacia la portería y el jugador del equipo blanco irá a presionarle (cuando lo vea) para obstaculizar el desplazamiento y evitar que se acerque a la portería para lanzar.

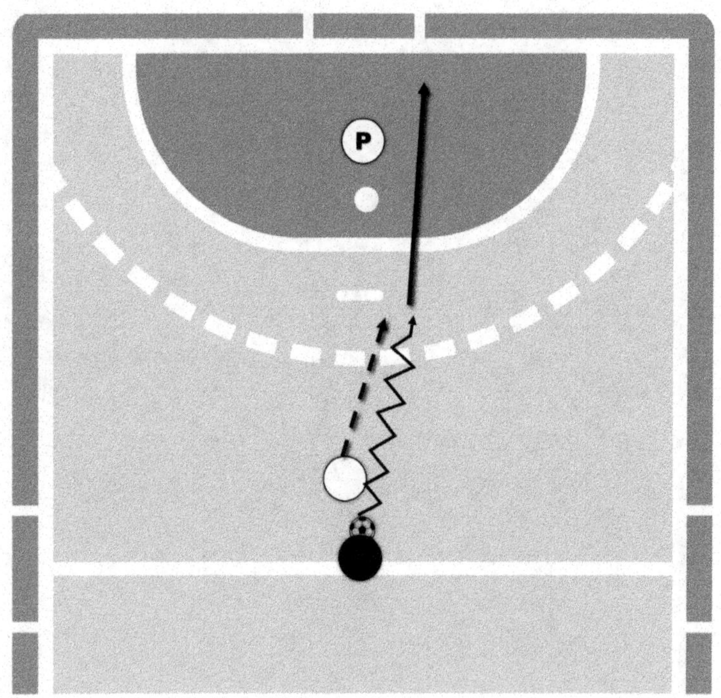

Tarea N° 25	Objetivo Principal	Mejora del desplazamiento con balón
	Jugadores	4

Explicación

El jugador con balón se desplazará hacia la portería y uno de los jugadores, de manera aleatoria irá a presionarle para obstaculizar el desplazamiento y evitar que se acerque a la portería para lanzar.

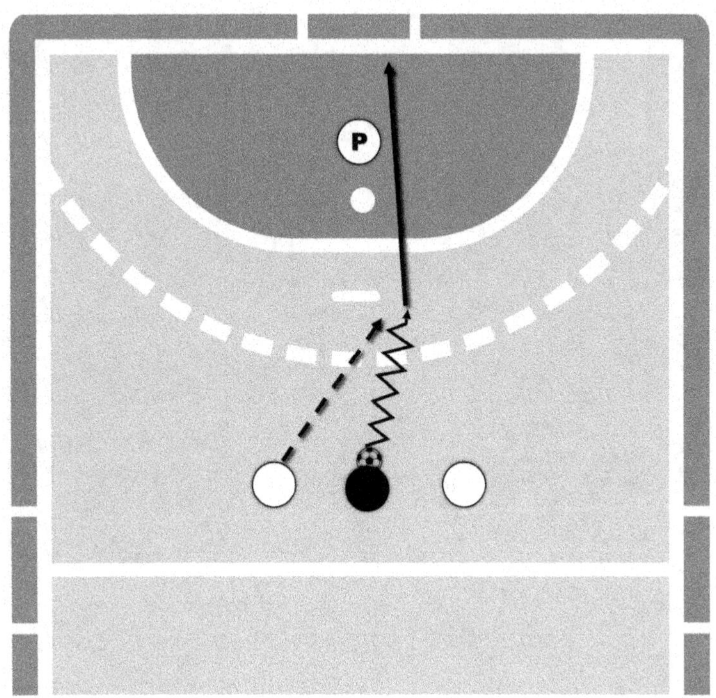

Tarea N° 26	Objetivo Principal	Mejora del desplazamiento con balón
	Jugadores	5

Explicación

El jugador con balón se desplaza hacia la portería y dos de los jugadores, de manera aleatoria, irán a presionarle para obstaculizar el desplazamiento y evitar el lanzamiento a portería.

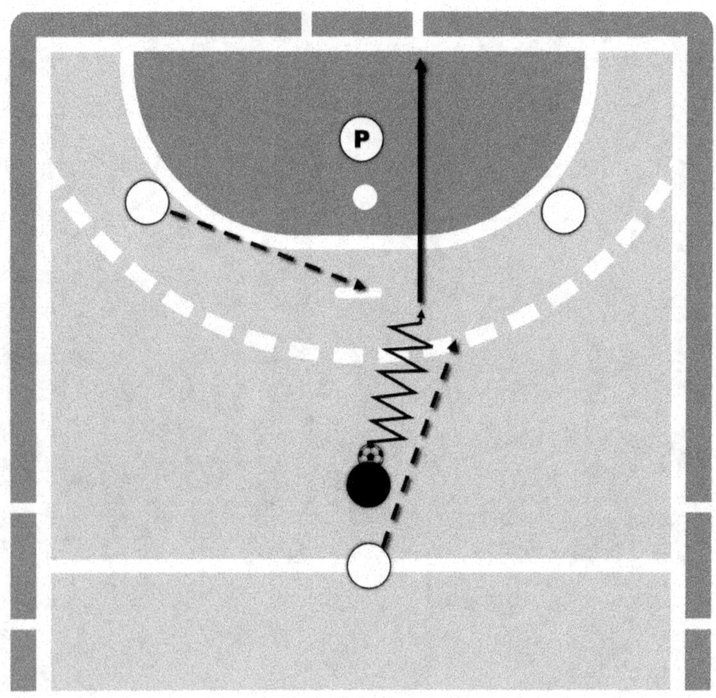

Tarea N° 27	Objetivo Principal	Mejora del desplazamiento con balón
	Jugadores	6

Explicación

El jugador con balón se desplazará hacia la portería y dos de los jugadores, de manera aleatoria, irán a presionarle para obstaculizar el desplazamiento y evitar el lanzamiento a portería.

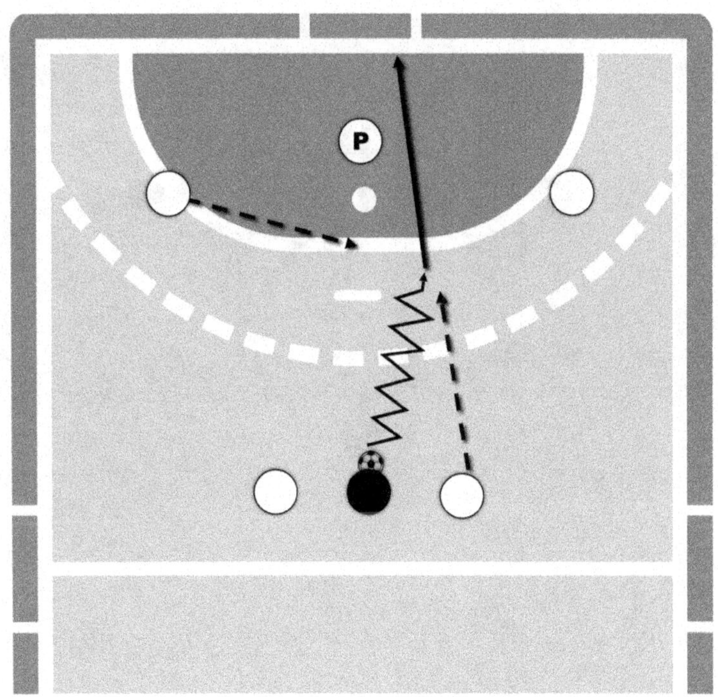

Tarea N° 28	Objetivo Principal	Mejora del desplazamiento con balón
	Jugadores	7

Explicación

El jugador con balón se desplazará hacia la portería y uno de los jugadores rivales que están con un jugador negro irá a evitar el lanzamiento, liberando al compañero marcado. El jugador de atrás irá a marcar al jugador liberado. El jugador que tiene el balón intentará tomar la mejor solución para finalizar el ataque.

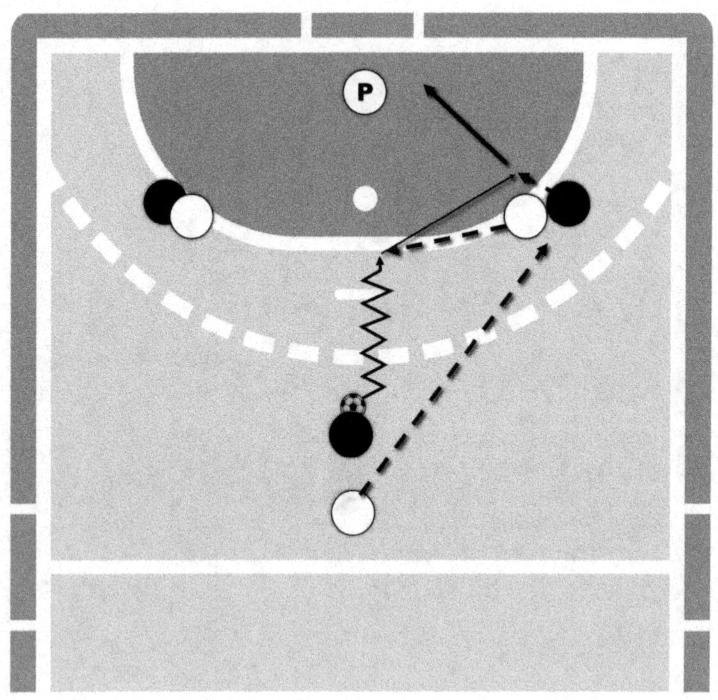

Tarea N° 29	Objetivo Principal	Mejora del desplazamiento con balón
	Jugadores	3

Explicación

Los jugadores se pasan el balón y cuando el jugador del equipo negro decida desplazarse fuera de su su cuadrado con el balón para lanzar, el otro (equipo blanco) irá a presionar para evitar que se acerque a portería.

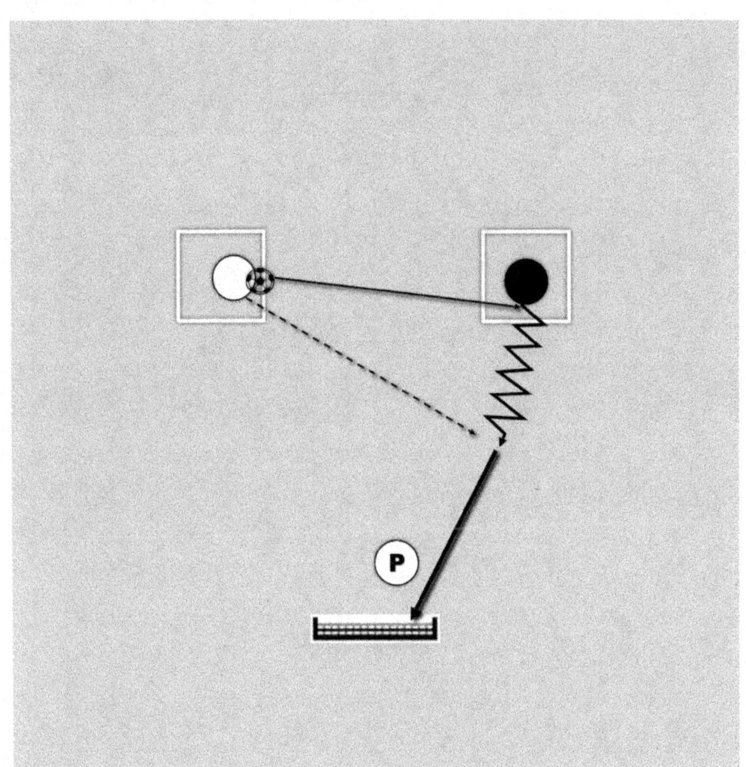

Tarea N° 30	Objetivo Principal	Mejora del desplazamiento con balón
	Jugadores	4

Explicación

Los jugadores se pasan el balón y cuando uno decida desplazarse con el balón fuera de su cuadrado para lanzar, el otro irá a presionar para evitar que se acerque a portería.

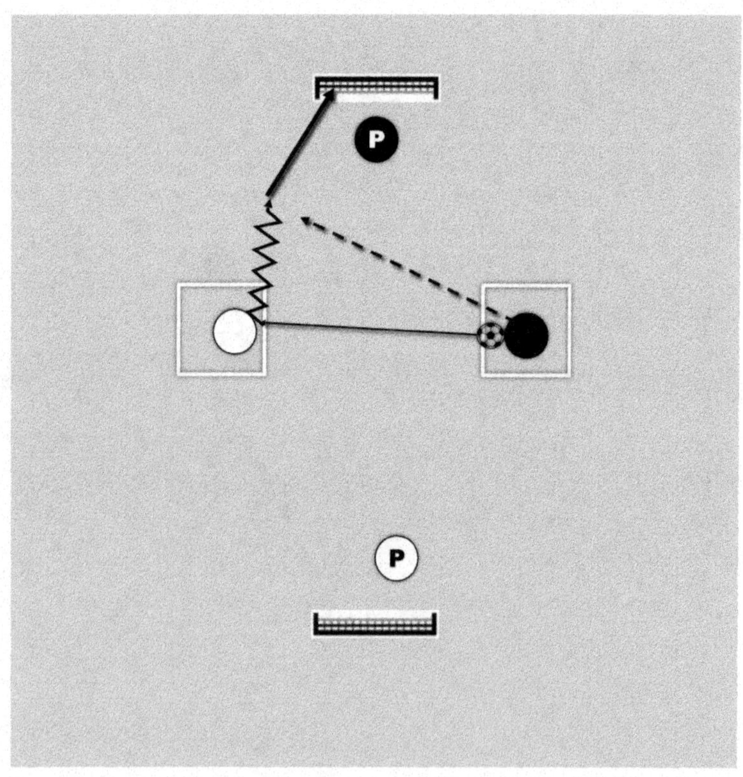

Tarea N° 31	Objetivo Principal	Mejora del desplazamiento con balón
	Jugadores	3 (1x1+P)

Explicación

Dos jugadores se pasan el balón sin que caiga, cuando sale fuera o se cae el balón, el jugador que falló obstaculizará el desplazamiento del otro para que no se acerque a la portería a finalizar.

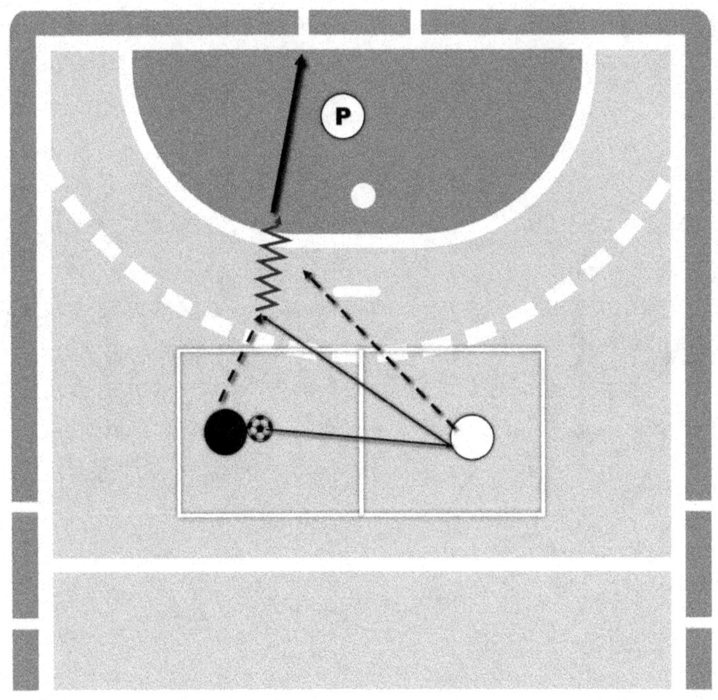

Tarea N° 32	Objetivo Principal	Mejora del desplazamiento con balón
	Jugadores	4

Explicación

El jugador y los porteros distribuidos como en la imagen. Cuando el jugador recibe del portero tiene que volverse y desplazarse a la portería que está libre, presionado por los porteros de las otras porterías. Los porteros cambiarán y dejarán otra portería libre para volver a pasarle el balón y que se repita la acción variando la portería.

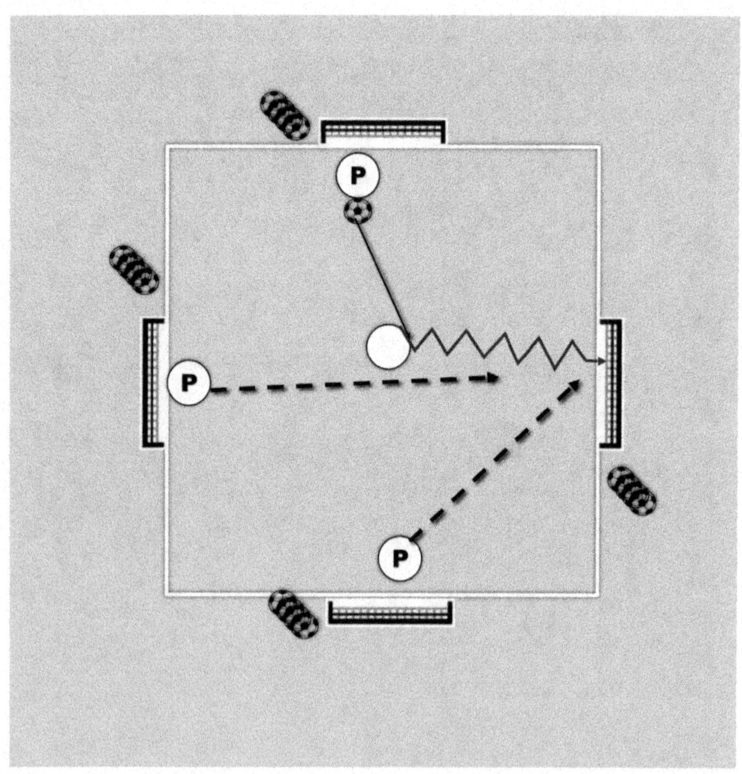

Tarea N° 33	Objetivo Principal	Mejora del desplazamiento con balón
	Jugadores	5

Explicación

El jugador y los porteros distribuidos como en la imagen. Cuando el jugador recibe del portero tiene que desplazarse con el balón fuera del cuadrado y lanzar a la portería desde la que no le presionaron y tiene el portero. Los porteros cambiarán en cada acción los que irán a la presión y desde el lugar que lo harán.

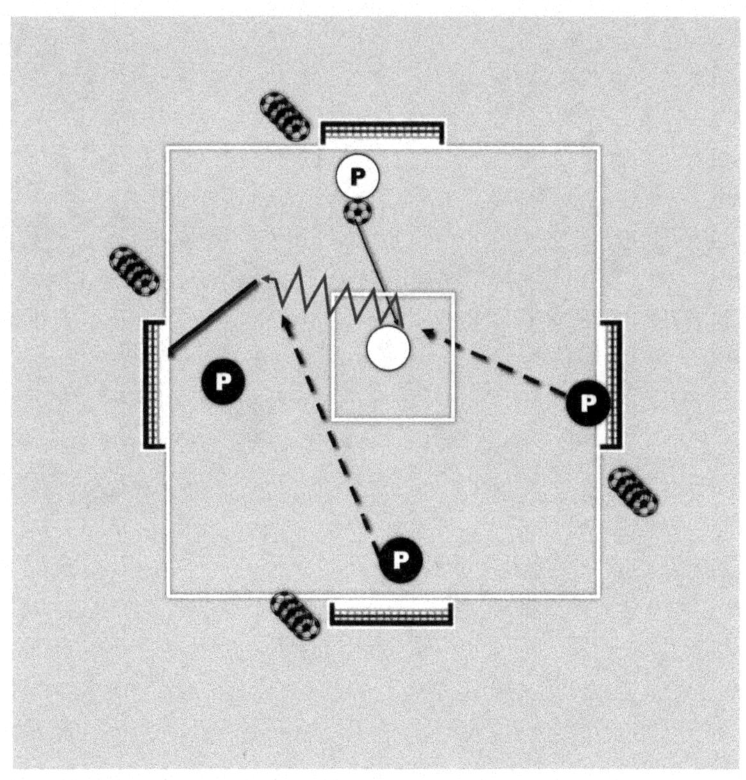

Tarea N° 34	Objetivo Principal	Mejora del desplazamiento con balón
	Jugadores	7

Explicación

Los jugadores distribuidos como en la imagen. Cuando el jugador recibe del portero tiene que con el balón fuera del cuadrado, lanzar a la portería que tiene el portero y dos jugadores irán a presionarle, sólo dentro del cuadrado para que no pueda sacar el balón. Irán variando de portería los porteros, al igual que los jugadores que irán a presionar.

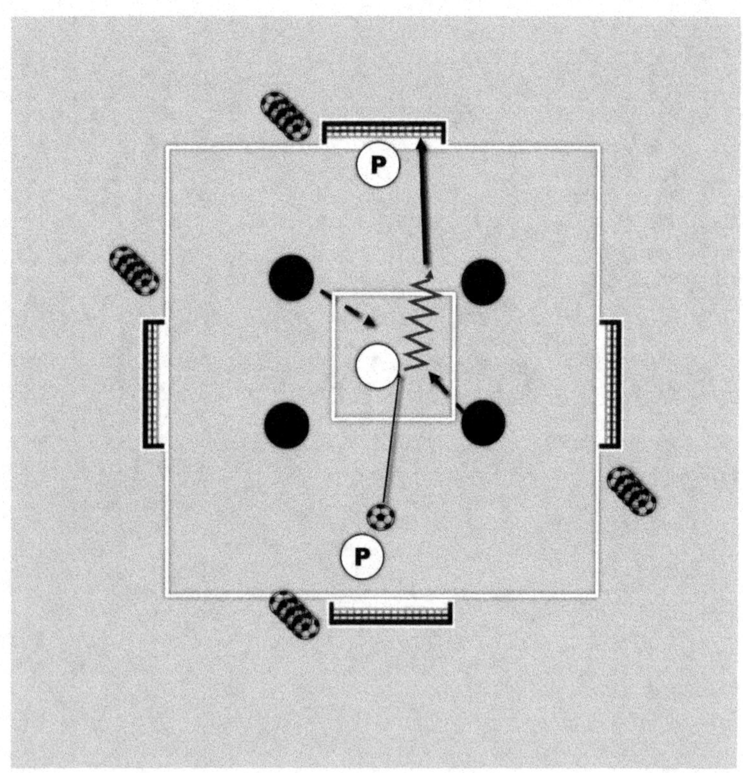

Tarea N° 35	Objetivo Principal	Mejora del desplazamiento con balón
	Jugadores	9

Explicación

Los jugadores distribuidos como en la imagen. Tendrán que atravesar de uno en uno y de lado a lado el cuadrado con balón, pasando por el cuadrado del centro. El jugador sin balón intentará robar el balón a los que pasen por el cuadrado pequeño. Cuando lo haga, sacará el balón del cuadrado para acercarse a la portería y lanzar con la presión de uno de los jugadores de los vértices, que no sabrá cual será. El que perdió quedará en el cuadrado a la espera de robar a los jugadores que vayan desplazándose con balón.

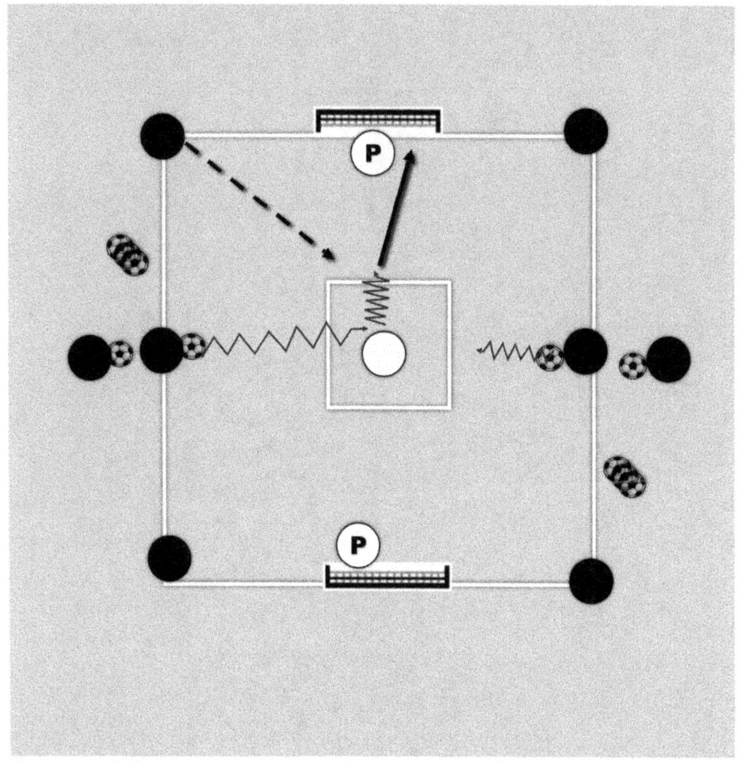

Tarea N° 36	Objetivo Principal	Mejora del desplazamiento con balón
	Jugadores	7

Explicación

Los jugadores distribuidos como en la imagen. El jugador del centro tiene el balón e intenta atraer a dos jugadores rivales que irán a presionarle (irán alternando el lugar desde el que lo harán). Cuando vayan a la presión podrá desplazarse fuera del cuadrado para buscar una buena situación de lanzamiento.

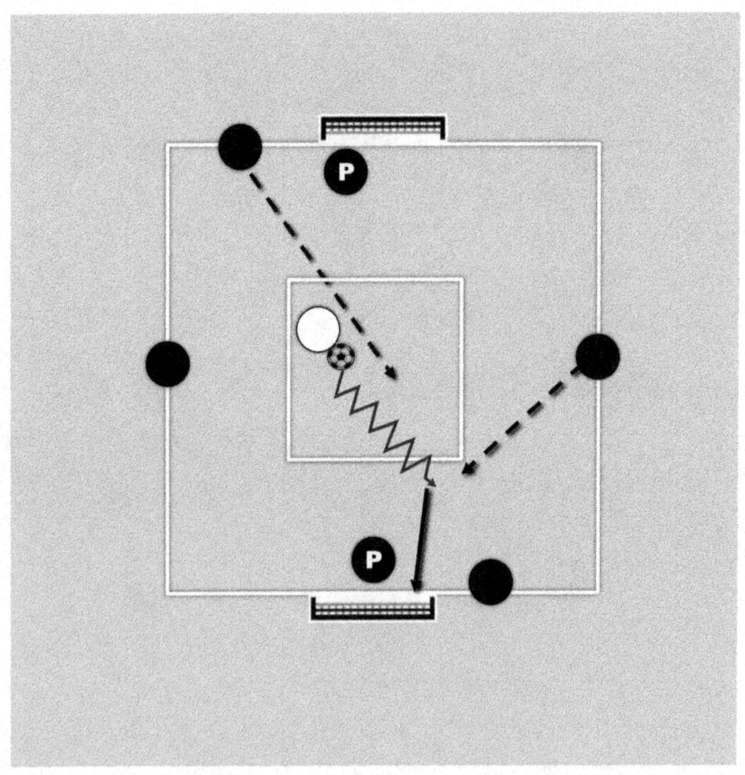

Tarea N° 37	Objetivo Principal	Mejora del desplazamiento con balón
	Jugadores	9

Explicación

Los jugadores distribuidos como en la imagen. El jugador del centro tiene el balón e intenta atraer a dos jugadores rivales que irán a presionarle (irán alternando el lugar desde el que lo harán). Cuando vayan a la presión podrá desplazarse fuera del cuadrado para jugar con los compañeros y buscar una buena situación de lanzamiento a portería.

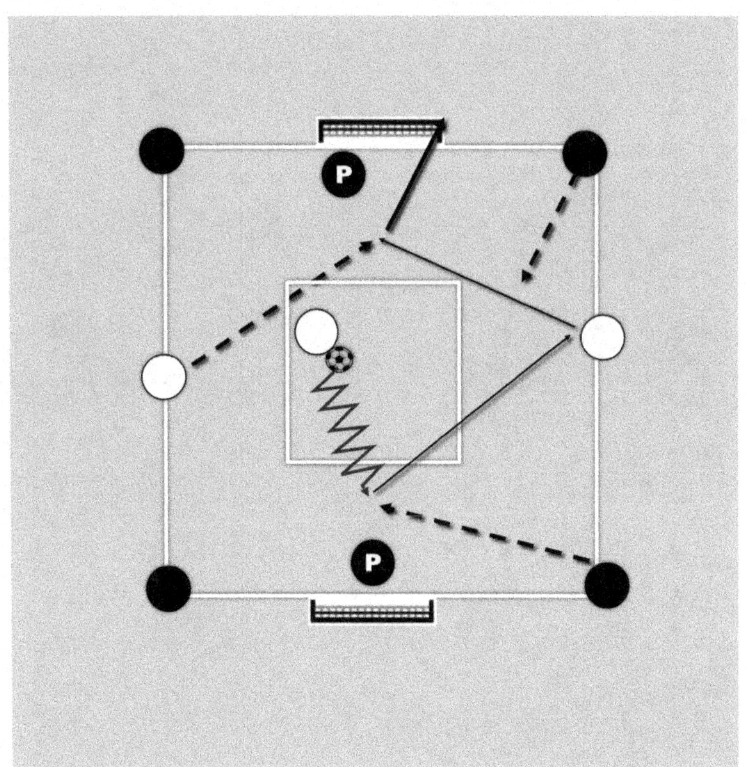

Tarea N° 38	Objetivo Principal	Mejora del desplazamiento con balón
	Jugadores	6

Explicación

El jugador con balón (negro) se desplazará hacia la portería por uno de los lados del contrario (blanco) que no podrá reaccionar hasta que no lo vea, le presionará para que no pueda acercarse a la portería junto con otro jugador más y si lo considera podrá apoyarse en el compañero del cuadrado para hacer gol. El jugador que irá a presionar irá variando en cada ocasión.

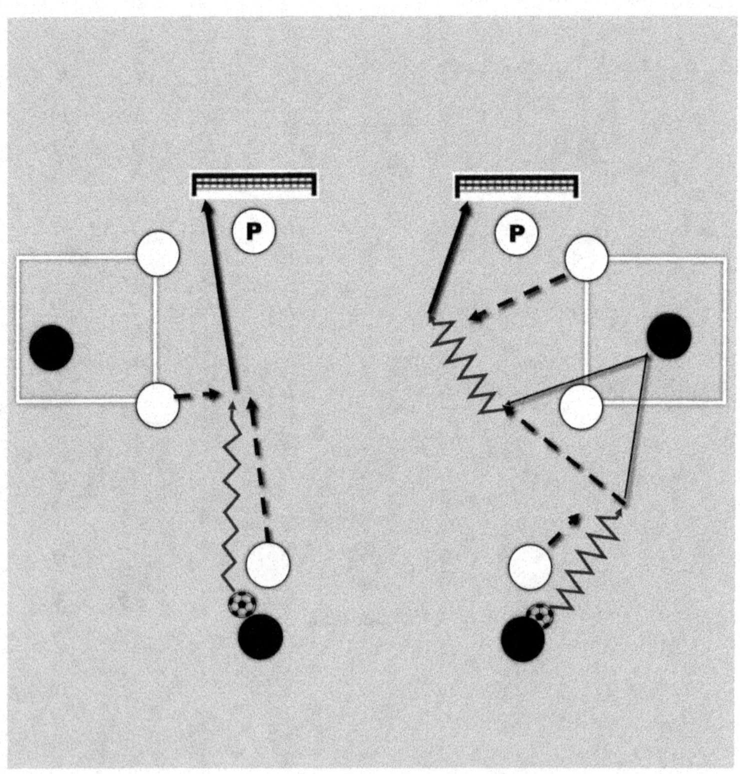

Tarea N° 39	Objetivo Principal	Mejora del desplazamiento con balón
	Jugadores	3 (1x1+P)
Explicación		

Dos jugadores se pasan el balón y cuando uno decide desplazarse con balón fuera del cuadrado para lanzar a portería el otro va a presionarle para intentar evitar que se acerque a la portería y obstaculizar el lanzamiento.

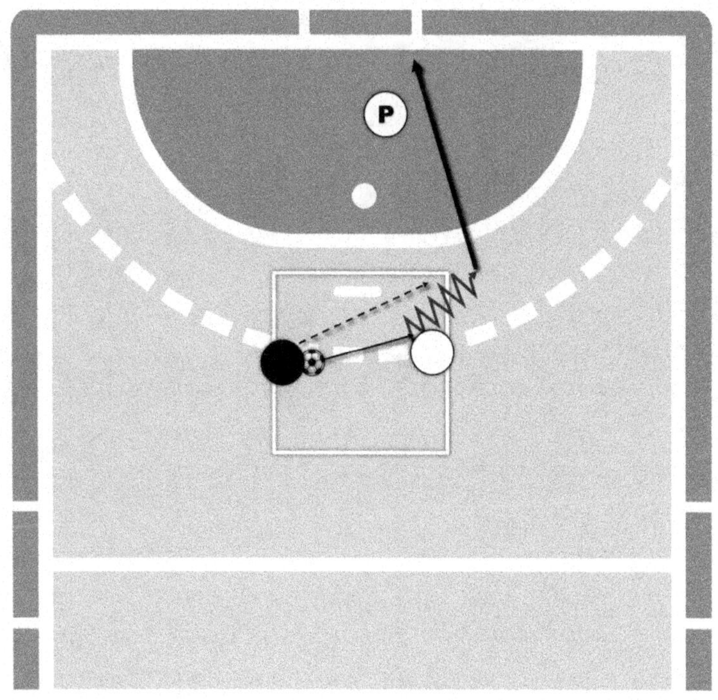

Tarea N° 40	Objetivo Principal	Mejora del desplazamiento con balón
	Jugadores	5 (2x2+P)

Explicación

Dos jugadores del equipo negro se pasan el balón sin que caiga al suelo entre ellos dentro de un cuadrado, una pareja de otro equipo (blanco) entra en el cuadrado a presionar, roba el balón y tiene que sacar desplazarse con balón fuera del cuadrado para lanzar a portería con la presión de los que perdieron.

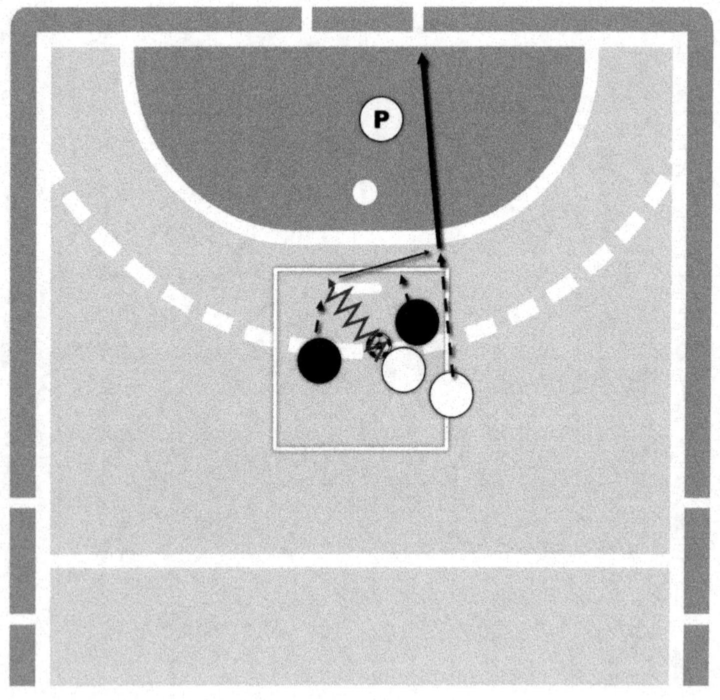

Tarea N° 41	Objetivo Principal	Mejora del desplazamiento con balón
	Jugadores	5 (P+2x1+1)

Explicación

Los jugadores distribuidos como en la imagen. El jugador del equipo negro tendrá el balón, cuando pierde el balón presionará con el compañero que está en la línea para que el equipo blanco no pueda atacar la portería. El jugador del equipo blanco cuando recupera tendrá que desplazarse con balón fuera del cuadrado para atacar con el compañero.

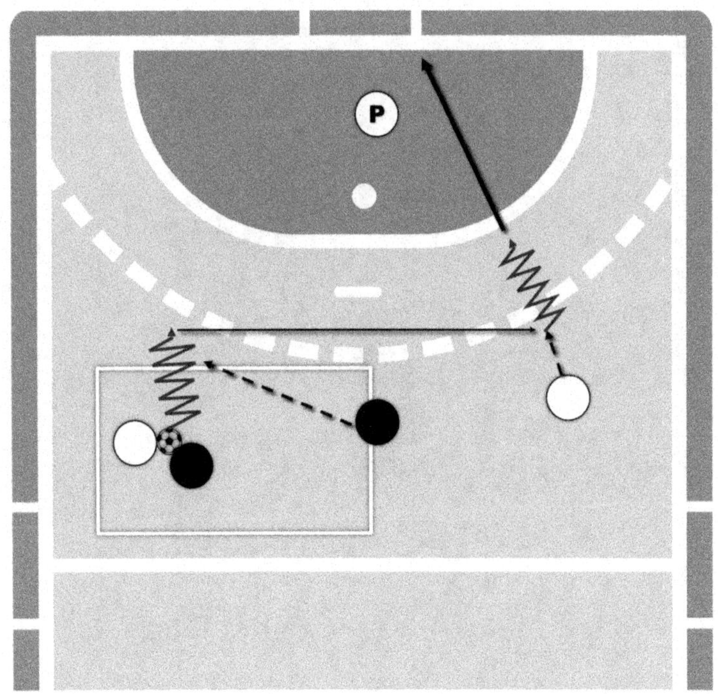

Tarea N° 42	Objetivo Principal	Mejora del desplazamiento con balón
	Jugadores	7

Explicación

Los jugadores distribuidos como en la imagen. Los jugadores del equipo negro tendrán el balón, cuando recupere el jugador del equipo blanco pasará a uno de los jugadores que están sobre las líneas y se desplazará hacia la portería con la presión de los jugadores del equipo negro que intentarán impedir que se acerque a portería para lanzar.

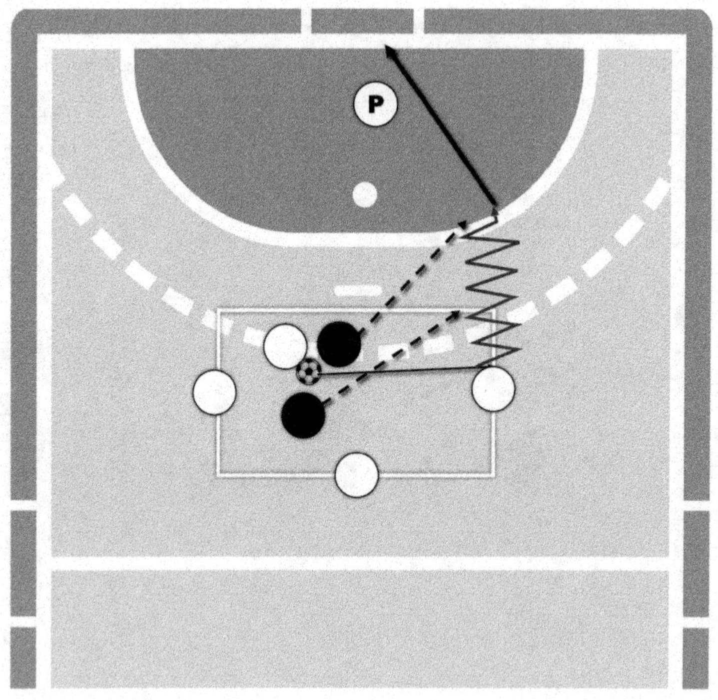

Tarea N° 43	Objetivo Principal	Mejora del desplazamiento con balón
	Jugadores	10 (3x3+3+P)

Explicación

Con el campo distribuido como en la imagen y los jugadores del equipo negro sobre las líneas. El equipo blanco irá atravesando líneas de una en una desplazándose con balón. Los jugadores sobre las líneas solo podrán obstaculizar el desplazamiento para que no avance el otro equipo. Cada vez que pasen una línea saldrán los jugadores sobrepasados, menos en la última que podrán presionar para que no finalicen.

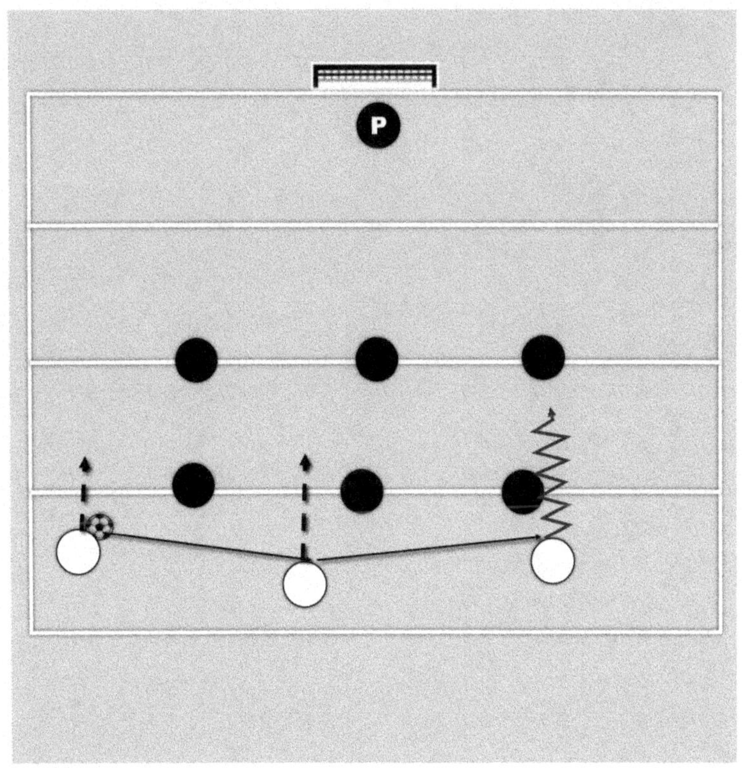

Tarea N° 44	Objetivo Principal	Mejora del desplazamiento con balón
	Jugadores	11 (4x3+3+P)

Explicación

Con el campo distribuido como en la imagen y los jugadores del equipo negro sobre las líneas. El equipo blanco irá atravesando líneas de una en una conduciendo. Los jugadores sobre las líneas solo podrán obstaculizar la conducción e interceptar pases para que no avance el otro equipo. Cada vez que pasen una línea los rivales sobrepasados podrán volver para defender.

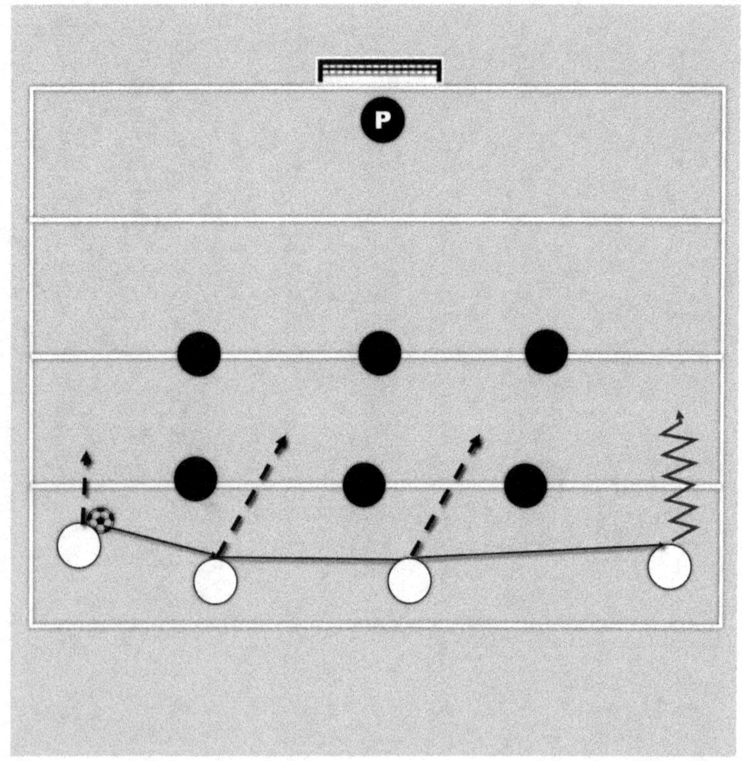

Tarea N° 45	Objetivo Principal	Mejora del desplazamiento con balón
	Jugadores	13

Explicación

En un rectángulo dividido en 6 partes iguales distribuidos los jugadores como en la imagen. El equipo blanco tendrá que ir avanzando hacia la portería pudiendo moverse los jugadores con balón a la siguiente zona desplazándose con balón.

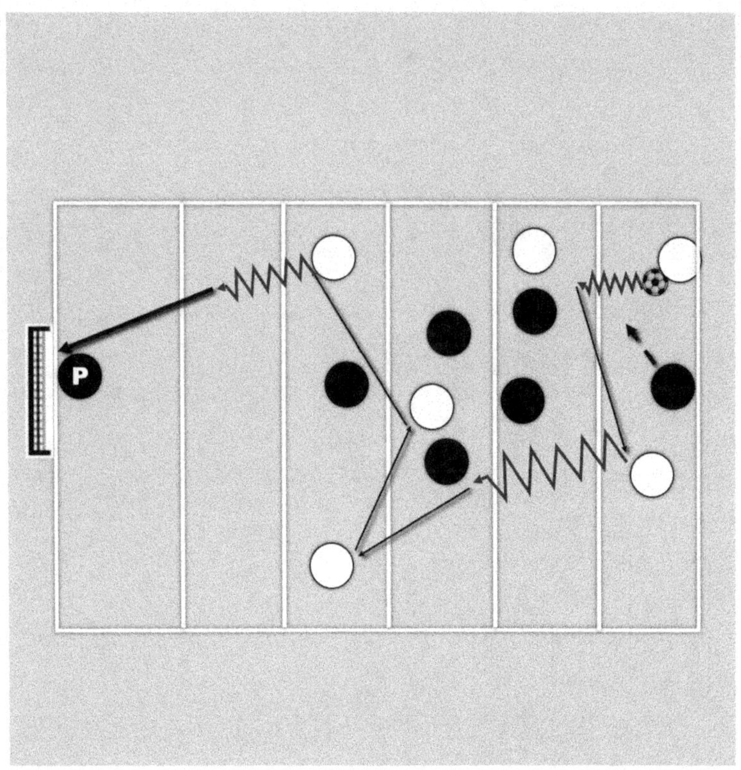

Tarea N° 46	Objetivo Principal	Mejora del desplazamiento con balón
	Jugadores	9 (4x4+P)

Explicación

En un rectángulo dividido como en la imagen y los jugadores en la disposición de la imagen (cuatro contra cuatro en la mitad que no tiene portería). Los equipos intentarán desplazarse con balón a la otra mitad para lanzar a portería. Si un jugador se desplaza con balón podrán entrar los jugadores del equipo contrario para obstaculizar y que no pueda finalizar.

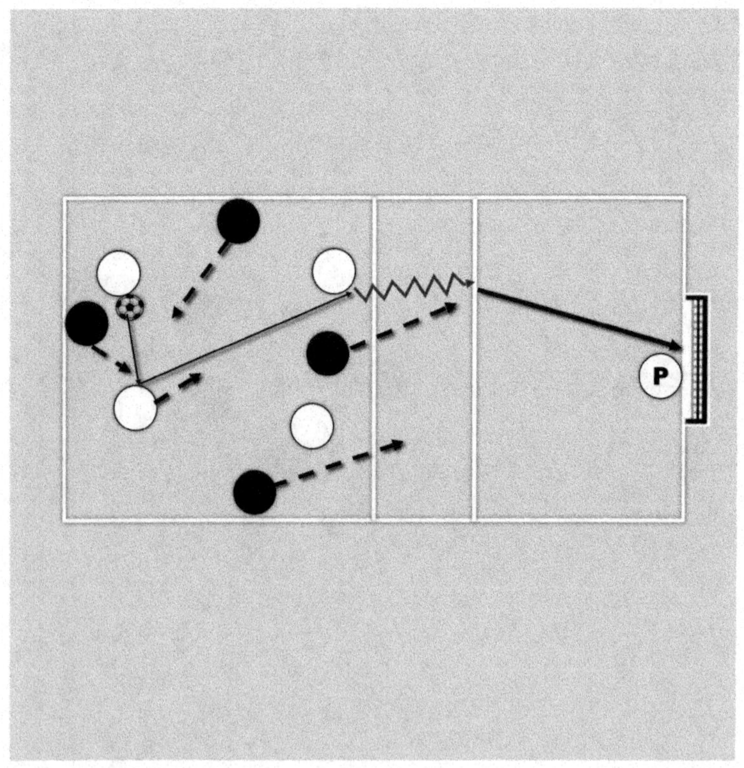

Tarea N° 47	Objetivo Principal	Mejora del desplazamiento con balón
	Jugadores	13 (6x6+P)

Explicación

Los jugadores se distribuyen como en la imagen. El equipo negro intentará atravesar desplazándose con balón la línea defensiva del equipo blanco, con amplitud y un jugador entre la línea para obtener profundidad en ataque. Una vez que superen la línea intentarán hacer gol presionados por los jugadores sobrepasados de la línea.

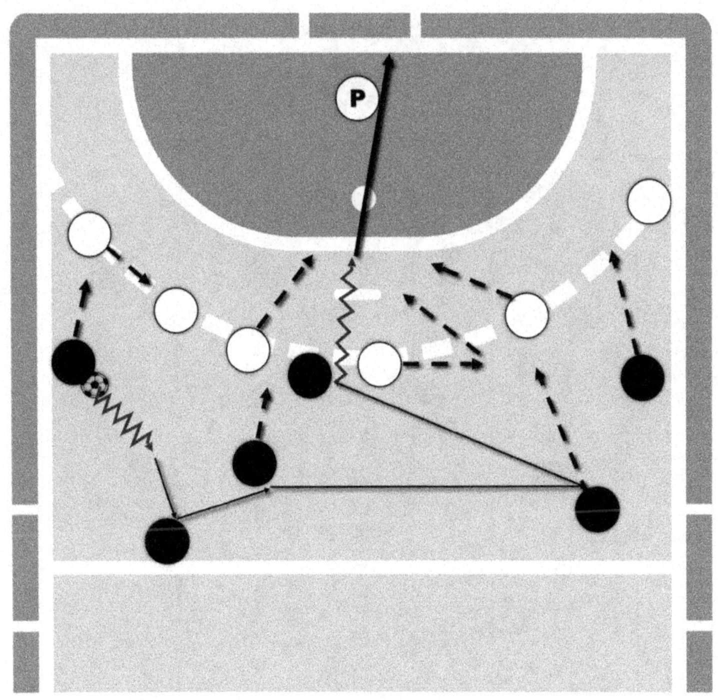

Tarea N° 48	Objetivo Principal	Mejora del desplazamiento con balón
	Jugadores	14

Explicación

En un rectángulo dividido en 8 partes iguales y distribuidos los jugadores como en la imagen. Los equipos intentarán mover a la línea contraria para poder encontrar una buena opción de superarla desplazándose y lanzar a portería si se logra salir con balón del rectángulo. Si recibe el jugador adelantado, podrán ir los defensores a presionar el desplazamiento.

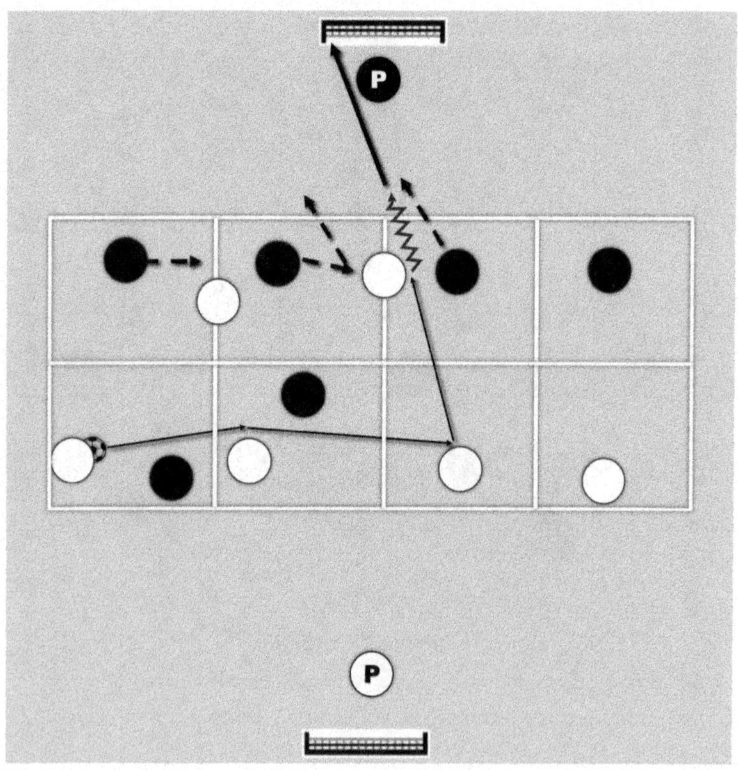

Tarea N° 49	Objetivo Principal	Mejora del desplazamiento con balón
	Jugadores	8

Explicación

Los jugadores distribuidos como en la imagen. Los jugadores en situación de dos contra dos del centro intentarán desplazarse con el balón al pasillo defendido por un rival para poder finalizar los ataques.

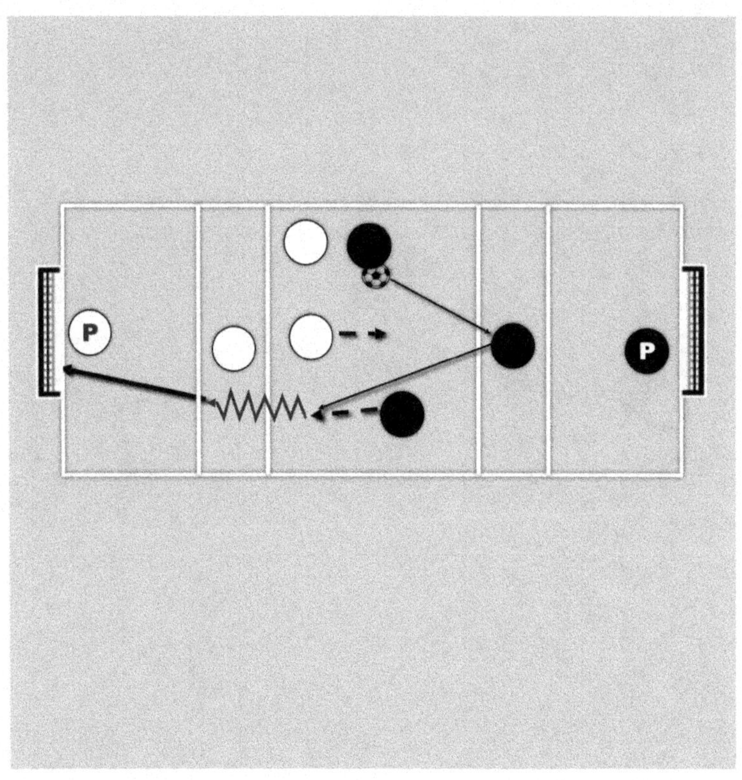

Tarea N° 50	Objetivo Principal	Mejora del desplazamiento con balón
	Jugadores	8

Explicación

En un rectángulo dividido en tres campos iguales y los jugadores distribuidos como en la imagen (quedando siempre libre la última zona de ataque). Solo podrán cambiar de campo desplazándose con el balón para provocar superioridad numérica.

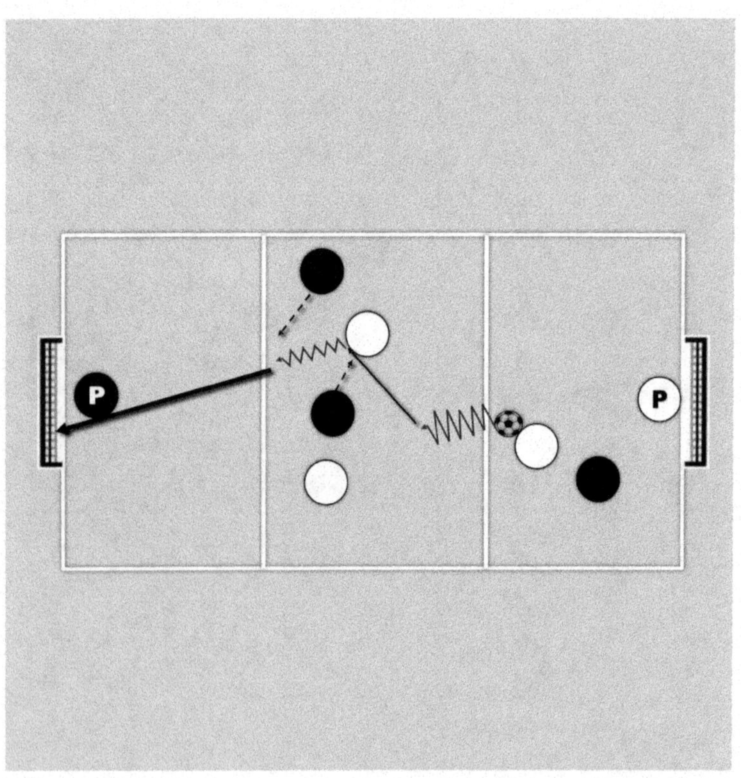

BIBLIOGRAFÍA

- Alarcón, F.; Cárdenas, D.; Clemente, V.; Collado, J. A. (Coord.); Guillén, J. C.; Jiménez, M.; Lázaro J.; Mercadé, O.; Ardoy, D. N.; Rivilla, I. y Sánchez, M. (2018): *Neurociencia, deporte y educación.* Editorial Wanceulen.

- Antón García, J. L. (2000): *Balonmano: Perfeccionamiento e investigación.* Editorial Inde.

- Ballarini, F. (2016): *REC: Porqué recordamos lo que recordamos y olvidamos lo que olvidamos.* Editorial Debate.

- Bargh, J. (2018): ¿Por qué hacemos lo que hacemos?: el poder del inconsciente. Editorial Ediciones B.

- Caballero, M. (2017): *Neuroeducación de profesores y para profesores: De profesor a maestro de cabecera.* Editorial Ediciones Pirámide.

- Camacho Lazarraga, P. y Martín Barrero, A. (2019): *La enseñanza de los deportes de invasión en la educación física. Una propuesta basada en el baloncesto.* Editorial Wanceulen.

- Crespo García, Manuel J. (2020): *Neurociencia aplicada al fútbol. Propuesta práctica.* Editorial Wanceulen.

- Espar, Xesco (2010): *Jugar con el corazón: La excelencia no es suficiente.* Plataforma Editorial.

- Feu Molina, S.; García Rubio, J. e Ibáñez Godoy, S. (2018): *Avances científicos para el aprendizaje y desarrollo del balonmano.* Universidad de Extremadura, Servicio de publicaciones.

- Garganta, J. y Pinto, J. en Graça, A. y Oliveira, J. (1997): *La enseñanza de los juegos Deportivos.* Editorial Paidotribo.

- González García, Iván (2019): *Balonmano actual: Análisis del juego e indicadores de rendimiento.* Editorial Wanceulen.

- Grupo IAFIDES (2020): *Neurociencia aplicada al balonmano. Propuesta práctica.* Editorial Wanceulen.

- Jackson, Phil (2014): *Once anillos.* Editorial Roca.

- Jozami, Silvina (2019): *Potenciando tu mente deportiva. Neurociencia simple para transforma el rendimiento deportivo.* Editorial Caligrama.

- Marí, Pep (2011): Aprender de los campeones. Plataforma Editorial.

- Marí, Pep (2019): *Equipos campeones: Como convertir un buen equipo en uno mucho mejor*. Editorial Plataforma Impresa.

- Martín Barrero, A. y Camacho Lazarraga, P. (2019): *Nuevas tendencias en entrenamiento y planificación*. Editorial Wanceulen.

- Mora, F. (2014): *¿Cómo funciona el cerebro?* Alianza editorial.

- Mora, F. (2017): *Neuroeducación: sólo se puede aprender de aquello que se ama*. Alianza editorial.

- Navarro Valdivieso, F.; González Ravé, J. M. y Pablos Abella, C. (2014): *Entrenamiento Deportivo. Teoría y Práctica*. Editorial Médica Panamericana.

- Pérez, Marcial (2019): *Mente Deportiva: Entrenar el cerebro para extender los límites del rendimiento*. Autoría Editorial.

- Pinaud, P. y Díez E. (2016): *Percepción y creatividad en el proceso de aprendizaje del balonmano*. Stonberg Editorial.

- Ponz Callen, J. M.; Lasierra Aguila, G. y De Andrés, A. (2005): *1013 ejercicios y juegos aplicados al balonmano*. Editorial Paidotribo.

- Revuelta Candón, Amalia (2016): *El cerebro decide*. Editorial Fútbol Táctico.

- Romeo Murgó, J. (2019): *Juegos predeportivos*. Editorial Paidotribo.

- Tamorri, Stéfano (2004): *Neurociencias y deporte. Psicología deportiva. Procesos mentales del atleta*. Editorial Paidotribo.

- Timón Benítez, L. M. y Hormigo Gamarro, F. (2010): *Balonmano en la escuela: Nuevos enfoques metodológicos y actividades para su enseñanza en al escuela y clubes deportivos*. Editorial Wanceulen.

- Torres Martín, C. e Iniesta Molina, J. A. (2015): *La formación del educador deportivo en balonmano*. Editorial Wanceulen.